T0195056

essentials

essentials liefern aktuelles Wissen in konzentrierter Form. Die Essenz dessen, worauf es als „State-of-the-Art" in der gegenwärtigen Fachdiskussion oder in der Praxis ankommt. *essentials* informieren schnell, unkompliziert und verständlich

- als Einführung in ein aktuelles Thema aus Ihrem Fachgebiet
- als Einstieg in ein für Sie noch unbekanntes Themenfeld
- als Einblick, um zum Thema mitreden zu können

Die Bücher in elektronischer und gedruckter Form bringen das Expertenwissen von Springer-Fachautoren kompakt zur Darstellung. Sie sind besonders für die Nutzung als eBook auf Tablet-PCs, eBook-Readern und Smartphones geeignet. *essentials:* Wissensbausteine aus den Wirtschafts-, Sozial- und Geisteswissenschaften, aus Technik und Naturwissenschaften sowie aus Medizin, Psychologie und Gesundheitsberufen. Von renommierten Autoren aller Springer-Verlagsmarken.

Weitere Bände in dieser Reihe http://www.springer.com/series/13088

Frank Deges

Retourenmanagement im Online-Handel

Kundenverhalten beeinflussen und Kosten senken

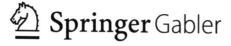 Springer Gabler

Frank Deges
Europäische Fachhochschule Rhein/Erft
Brühl, Deutschland

ISSN 2197-6708   ISSN 2197-6716   (electronic)
essentials
ISBN 978-3-658-18067-6   ISBN 978-3-658-18068-3   (eBook)
DOI 10.1007/978-3-658-18068-3

Die Deutsche Nationalbibliothek verzeichnet diese Publikation in der Deutschen Nationalbiblio-
grafie; detaillierte bibliografische Daten sind im Internet über http://dnb.d-nb.de abrufbar.

Springer Gabler

Gedruckt auf säurefreiem und chlorfrei gebleichtem Papier

Springer Gabler ist Teil von Springer Nature
Die eingetragene Gesellschaft ist Springer Fachmedien Wiesbaden GmbH
Die Anschrift der Gesellschaft ist: Abraham-Lincoln-Str. 46, 65189 Wiesbaden, Germany

Was Sie in diesem *essential* finden können

- Die häufigsten Retourengründe im Online-Handel und Erkenntnisse über das Retournierverhalten der Kunden
- Instrumente und Maßnahmen zur Retourenvermeidung und Retourenverhinderung mit dem Ziel der Senkung der Retourenquote
- Instrumente und Maßnahmen zur Retourenbearbeitung mit dem Ziel der Optimierung der Retourenkosten
- Ansatzpunkte und Aspekte zur Ausgestaltung einer Retourenstrategie
- Kennzahlen zur Steuerung des Retourenmanagements im Online-Handel

Vorwort

Nahezu jedes Geschäftsmodell im Online-Handel ist durch das kundenfreundliche Widerrufsrecht für Fernabsatzverträge mit Retouren konfrontiert. Eine aktive Auseinandersetzung mit dem Retourenmanagement ist daher unumgänglich. Dieses *essential* zeigt allen im Online-Handel tätigen Fach- und Führungskräften in kompakter und praxisnaher Form Erkenntnisse über das Retournierverhalten von Kunden sowie die unterschiedlichen Retourengründe. Mit dem empirisch basierten Erkenntnisstand der Retourenforschung wird beschrieben, wie in Unternehmen ein präventives und reaktives Retourenmanagement ausgestaltet werden kann, um die Retourenquote zu verringern und die Retourenkosten zu senken. Damit werden Ansatzpunkte aufgezeigt, wie mit einer kulanten oder restriktiven Retourenstrategie die Profitabilität des Onlineshops gesteigert werden kann.

Brühl, Deutschland   Prof. Dr. Frank Deges

Inhaltsverzeichnis

Einleitung 1

Für einen Großteil der Bevölkerung ist es heute selbstverständlich, Produkte jeder Warenkategorie über das Internet zu bestellen. Kaufentscheidungen in Online-shops basieren u. a. auf Produktbeschreibungen, Bildern, Videos und Kundenbe-wertungen, die dem Kunden zwar eine realitätsnahe Vorstellung des gewünschten Produktes geben, aber keine Möglichkeit des Vorabprüfens, An- und Ausprobie-rens vor der Bestellung. Die Kaufentscheidung findet erst nach der Zustellung der Ware auf dem Versandweg und der Begutachtung zu Hause ihre kognitive und emotionale Bestätigung. Entspricht die gelieferte Ware den Erwartungen des Kunden, so ist der Kaufprozess mit der Bezahlung der Ware zur beiderseitigen Zufriedenheit des Online-Händlers sowie des Kunden abgeschlossen.

Wäre dies der allgemeine Standard im Online-Handel, dann müsste man dem Thema Retourenmanagement kaum Beachtung schenken. Die Realität sieht aller-dings anders aus. Eine Vielzahl von Bestellungen wird innerhalb der vom Online-Händler eingeräumten Widerrufsfrist zurückgesendet. Dies stellt nicht nur eine Belastung der Umwelt dar, sondern verursacht hohe Kosten und belastet die Pro-fitabilität des Geschäftsmodells. Gänzlich vermeiden lassen sich Retouren kaum, sie sind Bestandteil eines jeden Geschäftsmodells im Online-Handel. Ein aktives und zielgerichtetes Retourenmanagement zur langfristigen Sicherung der Wettbe-werbsfähigkeit muss daher implementiert werden.

© Springer Fachmedien Wiesbaden GmbH 2017
F. Deges, *Retourenmanagement im Online-Handel,* essentials,
DOI 10.1007/978-3-658-18068-3_1

Das Problem hoher Retourenquoten im Online-Handel

2

Die Beschäftigung mit Retouren im Online-Handel erfordert eine differenzierte Betrachtungsweise, sie können sowohl als Kosten- wie auch als Erlöstreiber gesehen werden (Petersen und Kumar 2010, S. 85). Als Erlöstreiber hat die Rückgabemöglichkeit online bestellter Waren die Akzeptanz des Online-Handels zu einem stetig wachsenden Vertriebskanal gefördert. Kunden erachten das Widerrufsrecht als unabdingbare Grundvoraussetzung, da sie vor einer Bestellung im Onlineshop keine Möglichkeit haben, die Ware wie im stationären Handel vorab zu begutachten. Das Risiko, ein Produkt zu erhalten, das nicht den Erwartungen entspricht und nicht zurückgegeben werden könnte, würde unsichere Kunden vom Online-Kauf abhalten (ibi research 2013, S. 31). Trotz dieser absatzstimulierenden Wirkung des Rückgaberechts (Asdecker 2014, S. 4) sind Retouren vor allem Kostentreiber (Möhring et al. 2015, S. 257).

Jeder Online-Händler muss bestrebt sein, seine Retourenkosten zu verringern und seine Retourenquote nachhaltig zu senken. Der Gewinn ist erst dann realisiert, wenn die gelieferte Ware nach Ablauf der Widerrufsfrist endgültig beim Kunden verbleibt. Denn ob eine Retoure ein weiteres Mal zum Originalverkaufspreis oder zumindest als rabattierte Gebrauchtware abgesetzt werden kann, hängt von deren Unversehrtheit und Wiederverwertbarkeit nach der Retourenrücksendung und Retourenaufbereitung ab.

2.1 Die Begriffe Retoure und Retourenmanagement

Mit **Retoure** wird im Online-Handel die vom Kunden an den Lieferanten zurückgesendete Ware (Kundenretoure) bezeichnet (Pollmeier 2012, S. 30). Der Retoure geht eine Warenbestellung im Onlineshop und die Zustellung der bestellten Ware

© Springer Fachmedien Wiesbaden GmbH 2017
F. Deges, *Retourenmanagement im Online-Handel*, essentials,
DOI 10.1007/978-3-658-18068-3_2

an den Kunden voraus. Entspricht die zugestellte Ware nicht den Erwartungen des Kunden, so steht ihm nach den gesetzlichen Regelungen des Fernabsatzes (siehe Abschn. 2.3) ein Widerrufsrecht und die Rücksendung der Ware zu. Die Kundenretoure ist somit eine der Vorwärtslogistik mit der Lieferung bestellter Ware an den Kunden entgegengesetzte Warenflussrichtung der Rückführungslogistik (Steven 2007, S. 411). Das **Retourenmanagement** als funktionale Aufgabe umfasst die Ausgestaltung aller Maßnahmen und Aktivitäten, die im Unternehmen durch die grundsätzliche Rückgabemöglichkeit koordiniert werden müssen:

▶ „Das Retourenmanagement stellt eine wesentliche Aufgabe der Rückführungslogistik und des Kundenmanagements dar, bei der Waren-, Finanz- und Informationsflüsse zwischen dem Rücksendenden (Retournierer) und dem Lieferanten eines Gutes geplant, gesteuert und kontrolliert werden" (Gabler Wirtschaftslexikon, Stichwort Retourenmanagement).

Neben dem **Warenfluss** mit dem Rückversand der Ware durch den Kunden, der Warenannahme und Warenprüfung sowie der Aufbereitung und Wiedereinlagerung der Waren (Stallmann und Wegner 2015, S. 44) zählen zum Retourenmanagement auch ein **Finanzfluss** mit der Rückabwicklung der durch den Kunden bereits getätigten Zahlung und ein **Informationsfluss** durch die Kommunikation mit dem Kunden während des Retourenprozesses (Asdecker 2014, S. 19). Tab. 2.1 verdeutlicht, dass es neben der Rückführungslogistik als eine Komponente des reaktiven Retourenmanagements auch um die Vermeidung und Verhinderung von Retouren vor, während und nach der Bestellung durch ein präventives Retourenmanagement geht (Rogers et al. 2002, S. 5).

Die **Ziele des Retourenmanagements** lassen sich in kosten- und kundenorientierte Ziele differenzieren (Gabler Wirtschaftslexikon, Stichwort Retourenmanagement). Beide Zielrichtungen können parallel verfolgt werden, da sich

Tab. 2.1 Komponenten des Retourenmanagements. (Quelle: Eigene Darstellung nach Gabler Wirtschaftslexikon, Stichwort Retourenmanagement)

Präventives Retourenmanagement	Reaktives Retourenmanagement
• Maßnahmen zur Vermeidung von Retouren vor der Bestellung • Beeinflussung der Warenkorbzusammenstellung während der Bestellung (Sofortreaktion im Online-Dialog oder automatisierte Bestellrestriktion) • Maßnahmen zur Verhinderung von Retouren nach der Bestellung	• Maßnahmen zur effizienten Bearbeitung des Retoureneingangs • Maßnahmen zur bestmöglichen Wiederaufbereitung der Retouren und Rückführung in den Warenbestand • Maßnahmen zur zeitnahen Wiederverwertung/Neuvermarktung von Retouren

Tab. 2.2 Ziele des Retourenmanagements. (Quelle: Eigene Darstellung nach Gabler Wirtschaftslexikon, Stichwort Retourenmanagement)

Kostenorientierte Ziele	Kundenorientierte Ziele
• Verringerung der Rücksendewahrscheinlichkeit • Optimierung der Kosten des Handlings und der mit der Vermeidung und Verhinderung der Retouren verbundenen Kosten • Senkung der Prozesskosten • Erhöhung der Prozessgeschwindigkeit • Steigerung der Prozessqualität	• Gesteigerte Kaufwahrscheinlichkeit mit der Absatzstimulierung durch kulante Rücknahmeregelungen • Sicherstellung der Kundenzufriedenheit und Kundenbindung • Erhöhung der Wiederkaufwahrscheinlichkeit • Positive Weiterempfehlung der Kunden • Vom Kunden wahrgenommener Differenzierungsvorteil gegenüber restriktiven Online-Händlern

kostenorientierte Ziele primär auf den Prozess der Retourenbearbeitung fokussieren, während die Verfolgung kundenorientierter Ziele auf eine Reduzierung der Retourenquote hinwirkt. Tab. 2.2 gibt einen Überblick über kosten- und kundenorientierte Ziele des Retourenmanagements.

2.2   Die Kennzahl Retourenquote

Die Retourenquote ist die gängigste Kennzahl im Retourenmanagement. Sie kennzeichnet das prozentuale Verhältnis zwischen Auftragspositionen und Rücksendepositionen. Zu unterscheiden sind Alpha-, Beta- und Gamma-Retourenquoten (Asdecker 2014, S. 227 f.).

Alpha-Retourenquote = Anzahl der zurückgesendeten Pakete
Die Alpha-Retourenquote berechnet sich als Verhältnis der retournierten zu den versendeten Paketen (Asdecker 2016a). Es geht aus logistischer Perspektive um die reine Anzahl von Paketen, unabhängig davon, ob ein oder mehrere Artikel mit einer Paketsendung retourniert wurden. Die Alpha-Retourenquote ermöglicht eine bessere Planung der paketbezogenen Bearbeitungsprozesse in der Retourenlogistik (Asdecker 2016a).

Beta-Retourenquote = Anzahl der zurückgesendeten Artikel
Die Beta-Retourenquote beschreibt das Verhältnis von retournierten zu versendeten Artikeln (Asdecker 2016b). Es geht aus Sortimentsperspektive um die Identifizierung von Artikeln mit hohem Rücksendeanteil (Retourentreiber) und solchen mit niedrigem Rücksendeanteil. Bei Online-Händlern der Mode- und Bekleidungsbranche

Tab. 2.3 Gegenüberstellung Alpha-, Beta- und Gamma-Retourenquote. (Quelle: Eigene Darstellung nach Asdecker 2016a, 2016b, 2016c)

	Alpha-Retourenquote	Beta-Retourenquote	Gamma-Retourenquote
Controllingbezug	Ereignis	Menge	Wert
Controllingobjekt	Paket	Artikel/Artikelgruppe	Bezugs-/Verkaufspreis
Perspektive	Logistikperspektive	Sortimentsperspektive	Kosten-/Umsatzperspektive
Berechnung	$\dfrac{\text{Anzahl retournierter Pakete}}{\text{Anzahl versendeter Pakete}} \times 100$	$\dfrac{\text{Anzahl retournierter Artikelpositionen}}{\text{Anzahl versendeter Artikelpositionen}} \times 100$	$\dfrac{\text{Wert retournierter Artikelpositionen}}{\text{Wert versendete Artikelpositionen}} \times 100$
Beispiel	$\dfrac{190}{1310} \times 100 = 14{,}50\ \%$	$\dfrac{360}{3890} \times 100 = 9{,}25\ \%$	$\dfrac{20.740}{116.820} \times 100 = 17{,}75\ \%$

ist die Alpha-Retourenquote häufig höher als die Beta-Retourenquote, da bei Auswahlbestellungen eines Kunden auch jeder einzelne Artikel der Paketsendung retourniert werden könnte (Asdecker 2016b). Dies kann bspw. dazu führen, dass von acht Artikeln einer Paketsendung sieben Artikel retourniert werden. Die Rücksendewahrscheinlichkeit eines Paketes steigt somit mit der Anzahl der darin versendeten Artikelpositionen (Asdecker 2014, S. 240).

Gamma-Retourenquote = Wert der zurückgesendeten Artikel
Die Gamma-Retourenquote setzt den Wert der zurückgesendeten Artikel mit dem Wert der versendeten Artikel ins Verhältnis (Asdecker 2016c). Sie ermöglicht in Kombination mit der Beta-Retourenquote eine Aussage darüber, ob in einem heterogenen Sortiment hochpreisige Artikel mit einer größeren Wahrscheinlichkeit retourniert werden als niedrigpreisige Produkte (Asdecker 2016c). Tab. 2.3 zeigt, dass es aufgrund der unterschiedlichen Berechnungsansätze sinnvoll ist, im Unternehmen nicht von der einen generellen Retourenquote zu sprechen, sondern Alpha-, Beta- und Gamma-Retourenquote differenziert zu betrachten. Online-Händler ermitteln am häufigsten die Beta-Retourenquote (ibi research 2011, S. 153 f.), auch in Branchenstudien wird meistens auf eine Beta-Retourenquote verwiesen.

2.3 Rechtliche Grundlagen für Fernabsatzverträge

Die Rechte und Pflichten bei Fernabsatzverträgen sind im BGB (Bürgerliches Gesetzbuch) in den §§ 312c ff. geregelt. Die Rechtsnormen beziehen sich auf Verträge, die zwischen einem Unternehmer und einem Verbraucher unter ausschließlicher Verwendung von Fernkommunikationsmitteln abgeschlossen werden (§ 312c Absatz 1 BGB). Das heißt, bei einem Fernabsatzvertrag wie im Online-Handel findet keine persönliche Begegnung zwischen Verkäufer und Käufer im Rahmen des Kaufvertragsabschlusses statt. Mit der Novellierung der Regelungen zum Fernabsatz vom 13. Juni 2014 (Umsetzung der EU-Verbraucherschutzrichtlinie 2011/83/EU in nationales Recht) gelten für das Widerrufsrecht und die Retourenrücksendekosten neue gesetzliche Vorgaben. Den Unternehmen steht es aber frei, diese Mindestanforderungen freiwillig zu übertreffen. Im Folgenden werden die wesentlichen Regelungen mit Auswirkungen auf das Retourenmanagement dargestellt.

Widerrufsrecht und Widerrufsfrist Verbrauchern steht bei Abschluss von Fernabsatzverträgen ein grundsätzliches Widerrufsrecht zu (§ 312g Absatz 1 BGB). Der Gesetzgeber verlangt nach § 355 Absatz 2 BGB eine Widerrufsfrist von 14 Tagen. Vor der Novellierung der Regelungen des Fernabsatzes war es möglich, den wirksamen Widerruf ohne Angabe von Gründen alleine durch die Rücksendung der Ware zu erklären. Mit Wirkung zum 13. Juni 2014 muss nach dem Willen des Gesetzgebers der Widerruf vor der Rücksendung eindeutig erklärt werden (§ 355 Absatz 1 BGB). Dies kann per Mail, Fax, Brief oder einem vom Händler bereitzustellenden Widerrufsformular erfolgen (§ 356 Absatz 1 BGB). Der Online-Händler muss den Verbraucher über die Pflicht und die formal richtige Durchführung des Widerrufs informieren. Die zu retournierende Ware muss nach der Erklärung des Widerrufs innerhalb der vom Online-Händler eingeräumten Widerrufsfrist zurückgesendet werden. Online-Händler können aber weiterhin auf eine ausdrückliche Erklärung des Widerrufs verzichten und den Widerruf alleine durch die Rücksendung der Retoure als wirksam annehmen.

Die Rückerstattung des ggf. bereits gezahlten Kaufpreises an den Kunden hat grundsätzlich innerhalb von 14 Tagen nach Eingang der Retoure beim Online-Händler zu erfolgen. Für die Rückzahlung muss der Unternehmer dasselbe Zahlungsmittel verwenden, das der Verbraucher bei der Zahlung verwendet hat (§ 357 Absatz 3 BGB).

Beispiel

Gesetzliche Ausnahmen vom Widerrufsrecht im Online-Handel (§ 312g Absatz 2 Nummer 1–13 BGB):

- Nach Kundenspezifikation angefertigte und personalisierte Waren (Nummer 1)
- Schnell verderbliche Waren mit kurzem Verfallsdatum (Nummer 2)
- Aus Hygienegründen und aus Gründen des Gesundheitsschutzes versiegelte Waren, deren Versiegelung nach der Lieferung entfernt wurde (Nummer 3)
- Musik, Filme, Computersoftware auf versiegelten Datenträgern, deren Versiegelung nach der Lieferung entfernt wurde (Nummer 6)

Retourenrücksendekosten Die Retourenrücksendekosten (Porto für die Rücksendung) sind nach dem Willen des Gesetzgebers grundsätzlich vom Verbraucher zu tragen (§ 357 Absatz 6 BGB). Der Online-Händler muss den Kunden ausdrücklich darauf hinweisen. Abweichende Regelungen sind möglich, der Online-Händler kann auf die Kostenweitergabe verzichten und trägt ganz oder teilweise die Kosten der Rücksendung der Retoure.

Wertverlust und Wertersatz Die neuen Regelungen des Fernabsatzes bieten unterschiedliche Auslegungen der Rückerstattungspflicht des Kaufpreises durch den Online-Händler. Grundsätzlich darf der Verbraucher die gelieferten Waren zu Hause nur so weit ausprobieren und testen, wie es ihm auch in einem stationären Ladengeschäft möglich wäre. Wird die Ware während der Widerrufsfrist stärker genutzt als zur reinen Prüfung der Funktion und der Eigenschaften nötig ist, dann kann der Online-Händler vom retournierenden Kunden einen Wertersatz für den Wertverlust der Ware verlangen (§ 357 Absatz 7 BGB).

> **Beispiel**
>
> Auszug aus den AGBs des Online-Händlers Amazon:
> „Sie müssen für einen etwaigen Wertverlust der Waren nur dann aufkommen, wenn dieser Wertverlust auf einen zur Prüfung der Beschaffenheit, Eigenschaften und Funktionsweise nicht notwendigen Umgang mit ihnen zurückzuführen ist" (AGB Amazon 2017).

Missbrauchsfälle durch eine übermäßige Nutzung von Produkten während der Widerrufsfrist kommen in nahezu allen Warenkategorien vor und sind ein kaum vermeidbares Problem im Online-Handel (Walsh und Möhring 2015, S. 9). Großflächige Fernseher werden vor Sportereignissen bestellt und nach dem Finale retourniert. Hochwertiger Schmuck und Kleidung (Smoking, Abendkleid) wird nach der einmaligen Nutzung bei einem festlichen Anlass retourniert, bei der Retourenprüfung findet sich noch eine Eintrittskarte in der Innentasche des Anzugs. Ein Dirndl wird nach Abschluss des Oktoberfestes mit deutlichen Gebrauchsspuren und Verschmutzungen retourniert. Formaljuristisch sieht der Gesetzgeber im Fernabsatz keinen Missbrauchsfall vor (Asdecker 2017a). Ein Missbrauchsverdacht ist im Einzelfall nicht immer eindeutig nachzuweisen und kann bei der Forderung von Wertersatz zu aufwands- und zeitintensiven Rechtsstreitigkeiten führen, auf die Online-Händler im Zweifelsfall wohl eher verzichten (Asdecker 2014, S. 201).

2.4 Retourenquoten in Abhängigkeit der Branche und Warenkategorie

Die Retourenquoten der Online-Händler variieren stark in Bezug auf die Branche und das Sortiment. Die Wertung veröffentlichter Branchen- oder Unternehmensretourenquoten ist allerdings eingeschränkt, wenn es keinen Hinweis auf die Berechnung als Alpha-, Beta- oder Gamma-Retourenquote gibt. Aktuelle Zahlen belegen: Im Durchschnitt werden über alle Branchen des Online-Handels 16 % der bestellten Waren (Beta-Retourenquote) retourniert (ibi research 2017, S. 5 und S. 30), eine Steigerung von 3 % gegenüber 2013 (ibi research 2013, S. 34). Über 40 % der Online-Händler verzeichnen eine Beta-Retourenquote von über 10 % (ibi research 2013, S. 33), wobei die durchschnittliche Beta-Retourenquote in der Mode- und Bekleidungsbranche bei 26 % liegt (ibi research 2013, S. 34).

Nur wenige Online-Händler wie bspw. Zalando oder Otto kommunizieren offen ihre Beta-Retourenquote, die in den Warenkategorien Bekleidung und Schuhe bei ca. 50 % liegt (Nicolai 2013; Seidel 2013). Insgesamt beklagen 9 % der Online-Händler in den Warenkategorien Textilien, Bekleidung und Schuhe eine Beta-Retourenquote von 50 % und mehr (ibi research 2013, S. 34).

Retourengründe und Retournierverhalten der Kunden

3

Entscheidend für die Ausgestaltung des Retourenmanagements ist die Kenntnis und Bewertung der Ursachen für Retouren. Wer seine Retourenquote senken möchte, muss wissen, warum Retouren entstehen. Ein Online-Händler ist daher gut beraten, Transparenz über die Retourengründe und das Retournierverhalten seiner Kunden zu gewinnen. Abb. 3.1 veranschaulicht die häufigsten Gründe für Retouren aus einer aktuellen Verbraucherbefragung im Jahr 2016.

Erst an fünfter Stelle findet sich die vom Kunden bewusst einkalkulierte Rücksendung von Waren aufgrund von Auswahlbestellungen. Die vier erstgenannten Retourengründe basieren auf Mängel in der Leistungsbereitstellung und Leistungsdurchführung der Online-Händler oder deren Versanddienstleister. Dies belegt, dass nicht alle Retouren von den Kunden bereits bei der Bestellung

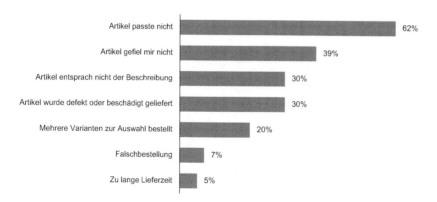

Abb. 3.1 Die häufigsten Gründe für Retourenrücksendungen 2016 (n = 1024). (Quelle: Eigene grafische Darstellung nach ibi research 2017, S. 31)

© Springer Fachmedien Wiesbaden GmbH 2017
F. Deges, *Retourenmanagement im Online-Handel*, essentials,
DOI 10.1007/978-3-658-18068-3_3

bewusst eingeplant sind, auch wenn die Diskussion über hohe Retourenquoten häufig die Mehrfachbestellungen eines Artikels oder Missbrauchsfälle im Zusammenhang mit der übermäßigen Nutzung und Retournierung von hochwertigen Waren in den Vordergrund stellt. Es wird deutlich: Online-Händler können einen aktiven Einfluss auf das Retournierverhalten ausüben, indem sie den Auswahl- und Bestellprozess vereinfachen und die Bearbeitungsprozesse in der Vorwärtslogistik verbessern.

3.1 Auswahlprozess der Artikel: Produktbezogene Retourengründe

Die drei erstgenannten Retourengründe (siehe Abb. 3.1) beziehen sich auf den Auswahlprozess der Artikel: Der Artikel passt nicht (62 %), der Artikel gefällt nicht (39 %) oder der Artikel entspricht nicht der Produktbeschreibung (30 %). Dabei ist die Auswahl des richtigen Produktes beim Online-Kauf abhängig von einer möglichst realitätsgetreuen Darstellung und Beschreibung der Produktmerkmale (Heinemann 2014, S. 54 f.).

Bei Mode- und Bekleidungsartikeln sind Konfektionsgröße, Passform, Qualität und Verarbeitung, Optik und Design wichtige Parameter für die Kaufentscheidung. Die **Konfektionsgrößen** von Kleidung fallen je nach Marke, Hersteller und Land unterschiedlich aus. Hinzu kommt eine zu idealistische Einschätzung der **Passform** bei der Bewertung des eigenen Figurtyps. Die Unsicherheit bei der Bestimmung von Konfektionsgröße und Passform schlägt sich in Auswahlbestellungen nieder. Auch eine Falschbestellung als Retourengrund (siehe Abb. 3.1) deutet darauf hin, dass der Auswahlprozess für den unsicheren Kunden nicht einfach und transparent genug gestaltet ist.

In der visuellen **Produktdarstellung** durch Bilder rufen verschiedene Einflussfaktoren wie Hintergrund (Fotostudio oder natürliche Umgebung), Auflösung, Belichtung, Blickwinkel oder die Art der Produktpräsentation an einem Fotomodel unterschiedliche Einschätzungen der Realität hervor. Eine primär verkaufsfördernde Zielsetzung der visuellen Produktdarstellung kann bewirken, dass Kleidungsstücke in einer künstlichen Studioatmosphäre farbintensiver und hochwertiger als in natura erscheinen. Mit der Lieferung und Prüfung der Ware wird die Erwartung hinsichtlich Optik und Qualität mit der Realität abgeglichen und beurteilt. Bestätigt sich die Erwartung nicht, so wird der Artikel zurückgesendet.

3.2   Sortiment: Preisbezogene Retourengründe

Untersuchungen belegen einen Zusammenhang zwischen dem Verkaufspreis und der Retourenquote von Produkten: Je höher der Preis des Artikels, desto höher die Retourenquote (Rabinovich et al. 2011, S. 314). Eine mögliche Erklärung ist die erhöhte Erwartungshaltung bei hochpreisigen Produkten, die bei auch nur geringer Abweichung von Soll und Ist eine höhere Rücksendewahrscheinlichkeit nach sich zieht (Asdecker 2014, S. 214). Unternehmen beobachten, dass Artikel mit geringerer Qualität eine höhere Retourenquote verursachen (Asdecker 2014, S. 213).

Darüber hinaus ist die Preisentwicklung während der Widerrufsfrist relevant. Die hohe Preistransparenz im Online-Handel führt zu schnellen Preisanpassungen, sei es, dass aus dem Wettbewerbervergleich eine Anpassung erfolgen muss oder der Abverkauf durch saisonale Preisnachlässe forciert werden muss (Heinemann 2014, S. 54). Der Kunde kann die Preisentwicklung der bestellten Artikel während der Widerrufsfrist beim Lieferanten aber auch bei alternativen Anbietern verfolgen. Sinkt der Preis innerhalb dieser Frist, so hat er einen Anreiz, die Artikel zu einem geringeren Preis erneut zu bestellen und die ursprüngliche Bestellung zu retournieren (Asdecker 2014, S. 214). Verkaufsförderungsmaßnahmen (Rabatte oder Gutscheine) und Sonderverkäufe während der Widerrufsfrist bergen das gleiche Risiko des erhöhten Retourenaufkommens von zuvor getätigten Bestellungen (Asdecker 2014, S. 214 f.).

3.3   Lieferzeit und Lieferqualität: Logistikbezogene Retourengründe

Lieferverzögerungen, Kommissionierungsfehler und Schäden an der Ware oder Verpackung sind Beispiele einer mangelhaften Leistungserfüllung in der Logistik. Je länger die **Lieferzeit**, desto eher können Kaufentscheidungen, insbesondere bei Impulskäufen, wieder infrage gestellt werden. Insbesondere in der Mode- und Bekleidungsbranche sind Kaufentscheidungen abhängig von kurzlebigen Trends, dem Wetter und Anlässen, die einen bestimmten Dresscode fordern (Hochzeiten, Karneval, Oktoberfest). Die bestellte Ware könnte ein paar Tage später schon nicht mehr benötigt werden. Zum einen kann der Bedarf zwischenzeitlich anderweitig gedeckt werden, bspw. durch einen Kauf im stationären Handel. Oder die Ware ist gleichzeitig in mehreren Onlineshops bestellt worden, insbesondere zur Absicherung besonders zeitkritischer Lieferungen ein oder zwei Tage vor Weihnachten oder vor einer Urlaubsreise. Die Bestellung, die als erste den Kunden erreicht, wird behalten, die folgenden Lieferungen werden unausgepackt zurück-gesendet. Einziger Vorteil für den Online-Händler: Die noch originalverpackte Ware kann sofort neu verkauft werden.

Zur **Lieferqualität** zählt die einwandfreie Beschaffenheit der Ware in einer unbeschädigten Verpackung zum Zeitpunkt der Übergabe an den Kunden. Defekt oder beschädigt gelieferte Artikel gehören mit zu den häufigst genannten Retou-rengründen (siehe Abb. 3.1). Ob die Ware schon mit einem Mangel im Lager angeliefert wurde, zu welchem Zeitpunkt zwischen Einlagerung und Zustellung eine Beschädigung zustande kam, ob die Ware vom Versanddienstleister während des Transportes unsachgemäß gehandhabt wurde oder ob eine Beschädigung erst durch die Ingebrauchnahme durch den Kunden entstanden ist, die Ursachen las-sen sich im Nachhinein schwer rückverfolgen und nachweisen.

Auch bei der **Kommissionierung,** der auftragsbezogenen Zusammenstellung der bestellten Waren (Wirtz 2013, S. 270), geschehen Fehler. Es ist offensicht-lich, dass sich die Lieferung eines falschen Artikels, der falschen Größe oder der falschen Menge auf das Retournierverhalten der Kunden auswirkt. Fehler in der Kommissionierung belasten das Kundenverhältnis nicht nur im Hinblick auf die aktuelle Bestellung. Besonders unzufriedene Kunden wechseln ggf. schon nach einer ersten negativen Erfahrung den Online-Händler.

3.4   Kunden: Verhaltensbezogene Retourengründe

Ein typisches Verhaltensmuster der Unsicherheitsreduktion beim Online-Kauf von Mode, Bekleidung und Accessoires ist die Bestellung von mehreren Größen oder Farben des gleichen Artikels oder Varianten eines ähnlichen Artikels. Mit Auswahlbestellungen erhöht sich zwar die Wahrscheinlichkeit, dass zumindest ein Artikel den Anforderungen des Kunden genügt, sie zählen jedoch mit einem Anteil von 20 % zu den häufig genannten Retourengründen (siehe Tab. 3.1).

Studien belegen einen Einfluss des Geschlechts auf die Rücksendewahrschein-lichkeit: Frauen (94 %) retournieren häufiger als Männer (85 %), sie verursachen auch einen höheren Anteil an Auswahlbestellungen als Männer (ibi research 2014, S. 26).

Auch die bisherigen Erfahrungen von Stammkunden mit den Produkten eines Herstellers beeinflussen das Retournierverhalten. Kunden, die eine dauerhafte Beziehung zu einem Online-Händler aufgebaut haben, verfeinern ihre Kenntnisse über die markenspezifischen Größen und Passformen mit jeder Bestellung und nähern dadurch sukzessive mit den bisherigen Erfahrungen ihre Erwartungen an die Realität an (Heinemann 2014, S. 63). Multi-Channel-Händler, die ihre Pro-

Tab. 3.1   Zusammenfassender Überblick der Retourengründe. (Quelle: Eigene Darstellung)

Produkt	Preis
• Unspezifische, unzureichende, ungenaue Produktbeschreibung • Mangelhaftes Qualitätsversprechen • Realitätsferne, beschönigte Produktdarstellung • Fehlende Unterstützung und Hilfestellung im Auswahlprozess	• Saisonale Preisschwankungen • Kurzfristige Preisanpassungen • Identifizierung günstigerer Preise beim Wettbewerb innerhalb der Widerrufsfrist • Verkaufsförderungsmaßnahmen und Sonderverkäufe innerhalb der Widerrufsfrist
Logistik	**Kunde**
• Zu lange Lieferzeit • Mangelnde Lieferqualität in Form beschädigter Verpackungen und erfolgloser Zustellungsversuche (falsche Lieferadresse) • Fehler in der Kommissionierung	• Bewusste Auswahlbestellungen • Parallelbestellungen in mehreren Online-shops • Ausnutzung des kundenfreundlichen Widerrufsrechts im Sinne einer „Produktausleihe" • Keine echte Kaufabsicht (Kaufzwang, Kaufsucht) • Falschbestellung (Menge, Artikel)

dukte sowohl stationär als auch online vertreiben, können davon profitieren, wenn sich Kunden vor ihrer Online-Bestellung im stationären Handel informieren. Je intensiver diese Informationssuche ausfällt, desto geringer ist die Retourenquote (Asdecker 2014, S. 320). Tab. 3.1 differenziert noch einmal die wesentlichen Retourengründe nach Produkt, Preis, Logistik und Kundenverhalten.

Präventives Retourenmanagement

4

Durch ein präventives Retourenmanagement soll der Wahrscheinlichkeit einer möglichen Rücksendung vor, während und nach der Bestellung entgegengewirkt werden (Asdecker 2017b). Die Retourenvermeidung setzt bereits im Informations- und Auswahlprozess an, indem durch Hilfestellungen die Kaufentscheidung im Hinblick auf eine bewusste Auswahl von Produkten beeinflusst werden kann. Die Retourenverhinderung sucht nach der Zustellung der Lieferung Einfluss auf die Entscheidung zur Rücksendung zu nehmen (Binckebanck und Elste 2016, S. 636). Beide Ansätze zielen somit auf die Verringerung der Retourenquote. Das präventive Retourenmanagement soll das Problem der Retouren lösen, bevor diese entstehen.

4.1 Maßnahmen zur Retourenvermeidung

Zur Retourenvermeidung zählen alle Aktivitäten vor und nach der Bestellung durch den Kunden, die zur Beseitigung der Retourenursachen beitragen (Rogers et al. 2002, S. 9 f.). Hier ergeben sich bereits zahlreiche Ansatzpunkte. Die konkrete Ausgestaltung der Vermeidungsmaßnahmen sollte sich dabei an den Retourengründen orientieren (siehe Abb. 3.1).

Produktbeschreibung und Produktdarstellung
Eine detaillierte Produktbeschreibung und möglichst genaue Produktdarstellung sehen 87 % der Online-Händler als den wichtigsten Faktor zur Verringerung der Retourenquote (ibi research 2013, S. 84). Diese helfen dem Kunden, vorab eine realistische Beurteilung hinsichtlich der Übereinstimmung der Produkte mit seinen Anforderungen zu ermöglichen und Enttäuschungen über die wahre Produktbeschaffenheit zu vermeiden (Walsh und Möhring 2015, S. 9 f.). Insbesondere

© Springer Fachmedien Wiesbaden GmbH 2017
F. Deges, *Retourenmanagement im Online-Handel*, essentials,
DOI 10.1007/978-3-658-18068-3_4

Kunden, die zu Auswahlbestellungen tendieren, bieten aussagekräftige Produktinformationen hinsichtlich Größe, Farbe, Material eine Hilfestellung bei der Auswahl. Die auf die Absatzstimulierung ausgerichteten Standardproduktinformationen der Hersteller müssen dafür ggf. durch eigene, auf die Besonderheiten des Online-Handels angepasste Artikelbeschreibungen, Bilder und Produktvideos ergänzt werden (Asdecker 2014, S. 217).

Für die **Produktpräsentation** empfiehlt sich die Verwendung von hochauflösenden Produktbildern mit bildschirmfüllenden Ansichten, Zoomfunktion und 360-Grad-Ansichten. Mithilfe des Zooms können Detailansichten aufgerufen werden, kaufentscheidungsrelevante Produktdetails werden besser wahrgenommen. Die 360-Grad-Ansicht ermöglicht eine Begutachtung des Produktes von allen Seiten und Videos verstärken die visuelle Wahrnehmung der Produkte (Heinemann 2014, S. 122). Der Aufwand für die Erstellung zusätzlicher Produktbeschreibungen, -bilder und/oder -videos muss wirtschaftlich abgewägt werden (Asdecker 2014, S. 159). Auch wenn dies Kosten verursacht, die Online-Händler sind gut beraten, mehr in eine qualitativ hochwertige Beschreibung und Darstellung ihrer Produkte zu investieren (Heinemann 2014, S. 88). Die Umsetzung solcher Maßnahmen dient nicht nur dem alleinigen Ziel der Senkung der Retourenquote, sie erhöht auch die Conversion-Rate (Verhältnis Besucher in Relation zu Käufern im Onlineshop).

Größen- und Passformberatung

Ein Standardinstrument in der Warenkategorie Bekleidung und Accessoires ist die Bereitstellung von Größen- und Maßtabellen zur Bestimmung der Konfektionsgröße. Mit detaillierten Angaben wie Brust-, Taillen- und Hüftumfang, Ärmel- oder Beinlänge könnten Auswahlbestellungen bei Mode und Bekleidung vermieden oder reduziert werden. Bei Produktabbildungen mit Fotomodels erhalten Kunden eine realistische Vorstellung von der Passform durch Angaben zu Körpergröße, Gewicht, Figurtyp und Konfektionsgröße des eingesetzten Fotomodels.

Tools zur **Größenbestimmung** und zur Bestimmung des Figurtyps oder Kleidungsstils können in den Onlineshop integriert werden (Heinemann 2014, S. 132). Durch die Eingabe der Körpervermessungsdaten und der Auswertung von Fragen zum Figurtyp und des Kleidungsstils können Fehleinschätzungen entgegengewirkt werden. Eine Kombination aus Größen-, Passform- und Stilberatung in der Mode- und Bekleidungsbranche könnte den Auswahlprozess mit individuellen Empfehlungen unterstützen, indem Produkte vorgeschlagen werden, die dem persönlichen Stil, der Größe und Passform am besten entsprechen.

Tools zur individualisierten Passform- und Größenberatung, sog. virtuelle Umkleidekabinen, können eingesetzt werden (Ermisch 2013). Diese Tools kreieren nach Eingabe der persönlichen Maße einen zwei- oder dreidimensionalen Avatar, der genau den Körperproportionen des Kunden entspricht und als realitätsgetreues Abbild die Produktauswahl visuell unterstützt (Heinemann 2014, S. 173 f.). Bei der **virtuellen Anprobe** können kaufentscheidende Hinweise eingeblendet werden, ob bspw. das ausgewählte Kleidungsstück „zu weit" oder „zu eng" sitzt, der Ärmel „zu lang" oder das Hosenbein „zu kurz" ist (Ermisch 2013). Mit Tools dieser Art können insbesondere experimentierfreudige Kundengruppen angesprochen werden. Die fehlende Haptik im Onlineshop kann mittels sog. **Augmented Reality** Anwendungen kompensiert werden (Heinemann 2014, S. 207). Der Online-Brillenhändler Mister Spex (www.misterspex.de) bietet mittels Augmented Reality eine virtuelle Produktprobe an. Der Kunde lädt ein Bild in den Onlineshop und sieht sein ausgewähltes Brillenmodell realitätsnah wie in einem Spiegel im stationären Ladengeschäft (Laudenbach 2013, S. 45).

Kundenbewertungen

Kundenfeedback in Form von Kundenbewertungen kann zur Senkung der Retourenquote beitragen. 91 % der Verbraucher schätzen die Verfügbarkeit von Kundenbewertungen als ein wichtiges Kriterium für die Auswahl eines Onlineshops (ibi research 2017, S. 18). Denn Kunden messen den Bewertungen anderer Kunden eine höhere Glaubwürdigkeit bei als den Hersteller- und Händlerinformationen (Heinemann 2014, S. 33).

Für die Online-Händler ist die Analyse der Kundenbewertungen wertvoll, um Hinweise über Passform und Größenbewertung der Produkte zu erhalten. Artikel können identifiziert werden, die aus Kundensicht zu groß oder zu klein ausfallen und deshalb häufig retourniert werden. Auf Basis des Kundenfeedbacks können Produktbeschreibungen im Onlineshop detailliert werden.

Kundenberatung beim Auswahlprozess

Eine individuelle Beratung kann über eine kostenfreie Servicehotline mit Call-Back-Button oder Live-Chat-Funktion bereitgestellt werden (Heinemann 2014, S. 158). Kompetente Kundendienstmitarbeiter können noch vor Abschluss des Bestellvorgangs wertvolle retourenvermeidende Hilfestellungen anbieten. Der Live-Chat bietet den Vorteil der Kommunikation in Echtzeit noch während des Bestellvorgangs. Zudem könnte das Hinzufügen mehrerer Größen eines Artikels ein Pop-up-Fenster im Warenkorb auslösen, welches dem Kunden die Hilfestellung bei der Größenauswahl durch den Kundendienst anbietet oder Auswahlbestellungen generell einschränkt. Weitere Formen der Hilfestellung im

Auswahlprozess sind FAQs mit häufig gestellten Fragen zu den Produkten und die Kontaktaufnahme per Mail oder Kontaktformular. Eine ausreichende Besetzung und kontinuierliche Erreichbarkeit des Kundenservice bindet zwar personelle Ressourcen, aber auch hier gilt: ein guter Kundenservice senkt nicht nur die Retourenquote, er erhöht auch die Conversion-Rate.

Abb. 4.1 zeigt, dass von Online-Händlern, die ein präventives Retourenmanagement betreiben, 65 % gerade bei auffälligen Warenkorbzusammenstellungen noch vor dem Versand Kontakt zu ihren Kunden aufnehmen, weil ihr Warenkorb mit mehreren Auswahlbestellungen schon eine hohe Retourenwahrscheinlichkeit vermuten lässt.

Restriktionen im Auswahl- und Bestellprozess
Durch die Verknüpfung von kunden- und produktbezogenen Daten können Merkmalskombinationen identifiziert werden, die eine hohe Retourenwahrscheinlichkeit ankündigen (Möhring et al. 2013, S. 66). Ziel dieser Verknüpfung ist es, die Auswahl der Artikel zu beeinflussen und damit zur Senkung des Retourenaufkommens beizutragen (Möhring et al. 2015, S. 264). Restriktionen für bestimmte Kundengruppen könnten im Bestellprozess anhand des Bestellverhaltens und der Retourenquote vorgenommen werden (Möhring et al. 2015, S. 264). Zur Vermeidung von Auswahlbestellungen sind Begrenzungen bezüglich des

Abb. 4.1 Auslöser für die Kontaktaufnahme mit Kunden vor dem Versand einer Bestellung (n = 69, nur Unternehmen, die vor dem Versand mit dem Kunden Kontakt aufnehmen, Mehrfachnennungen). (Quelle: ibi research 2013, S. 91)

Warenkorbwerts oder der Anzahl an Varianten eines Artikels im Bestellvorgang bis hin zum Ausschluss von Variantenbestellungen zielführend (Asdecker 2014, S. 219). Des Weiteren könnte dem Kunden im Kundenkonto seine persönliche Retourenquote angezeigt werden. Übersteigt diese Quote einen Toleranzwert, so könnten bspw. Retourenrücksendekosten erhoben werden.

Ein Retourentreiber ist der vor allem im deutschen Online-Handel verbreitete **Rechnungskauf,** bei dem die Kunden nicht in Vorleistung gehen und damit keine finanziellen Risiken eingehen (Asdecker 2014, S. 219). Online-Händler könnten ihre Zahlungsmethoden auf Vorkasse, Sofort-Überweisung und Lastschrift limitieren oder Kunden mit hohen Retourenquoten vom Rechnungskauf ausschließen (Heinemann 2014, S. 188). Mit der Erhebung einer Gebühr für den Rechnungskauf lassen sich ggf. Bestellungen mit dieser Zahlungsmethode reduzieren. Die Zahlungsoption **Vorkasse** bedeutet aber auch eine längere Versanddauer und erhöht die Wahrscheinlichkeit, dass die Kaufentscheidung noch vor der Anlieferung der Bestellung revidiert wird (Bechwati und Siegal 2005, S. 359 ff.).

Gewissensappelle und Abmahnungen

Mit Hinweisen auf die ökologischen Folgen von Retouren kann an das Gewissen der Kunden appelliert werden. Beispiele sind bekannt aus der Hotellerie mit dem Hinweis auf den Energieverbrauch täglich ausgewechselter Wäsche und deren Reinigung. Kunden mit Auswahlbestellungen können gefragt werden, ob sie tatsächlich mehrere Größen benötigen und darauf hingewiesen werden, dass jede Retoure Kosten erzeugt und die Umwelt belastet. Online-Händler werten Gewissensappelle allerdings nicht als wichtigen Einflussfaktor auf die Retourenquote (ibi research 2013, S. 84).

Der Versuch, Kunden mit überdurchschnittlich hohen Retourenquoten zu ermahnen, wie es Zalando 2012 mit Vielretournierern praktizierte, stieß jedoch bei den Kunden auf Ablehnung und öffentlicher Kritik, sodass die Maßnahme wieder eingestellt wurde (Kontio 2012).

Beispiel

Ermahnung Vielretournierer bei Zalando: „Bei Ihren letzten Bestellungen haben Sie sieben von acht Artikeln zurückgesendet und damit eine sehr hohe Retourenquote von 87 Prozent. Retouren verursachen nicht nur hohe Kosten. […] Da wir allen Kunden ein möglichst umfangreiches Sortiment präsentieren wollen, möchten wir Sie bitten mitzuhelfen, Retouren zu vermeiden" (Kontio 2012: Auszug Kundenmail Zalando).

Das Beispiel zeigt: Gewissensappelle dürfen nicht als individuelle Maßregelungen verstanden werden. Ziel muss es sein, dass Kunden ihr Bestellverhalten überdenken, bewusster einkaufen und auf diese Weise aktiv an der Reduktion des Retourenaufkommens mitwirken, ohne sich persönlich angegriffen zu fühlen.

Ausschluss von Vielretournierern
Eine drastische und imageschädigende Maßnahme ist der Ausschluss von Viel- und Dauer-Retournierern mit hohen Retourenquoten (Walsh und Möhring 2015, S. 8). **Warenkorbanalysen** und die **Bestellhistorie** des Kunden sollten jedoch vorab berücksichtigt werden. Zum einen können sich Kunden beim Kauf unterschiedlicher Produktgruppen differenziert verhalten, bspw. ein Kunde, der hohe Retourenquoten bei Bekleidung aufweist, aber ein wertvoller Kunde bei der Bestellung von Consumer Electronics Produkten ist (Hielscher 2013). Der abrupte Ausschluss von Kunden ohne Vorwarnung kann zu negativen Kundenbewertungen und Kritik in sozialen Netzwerken führen. Deshalb bietet es sich an, Kunden zunächst auf ein überhöhtes Retourenverhalten hinzuweisen und zu einer Verhaltensänderung zu animieren, bevor es am Ende zu einer dauerhaften oder vorübergehenden Sperrung des Kundenkontos kommt (Walsh und Möhring 2015, S. 10). Amazon bspw. hatte Vielretournierern 2013 ohne Vorwarnung den Kundenaccount gekündigt (Kontio et al. 2013).

> **Beispiel**
>
> Ausschluss Vielretournierer bei Amazon: „Wir müssen Sie […] darauf hinweisen, dass wir aufgrund der Überschreitung der haushaltsüblichen Anzahl an Retouren in Ihrem Kundenkonto zukünftig keine weiteren Bestellungen entgegennehmen können und Ihr Amazon-Konto mit sofortiger Wirkung schließen" (Kontio et al. 2013: Auszug Kundenmail Amazon).

Kommissionierung, Liefergeschwindigkeit und Lieferqualität
Die Logistikeffizienz eines Online-Händlers wird durch die Parameter Lieferzeit, Lieferqualität und Kommissionierung geprägt (Wirtz 2013, S. 264). Ein schneller Versand, bruchsichere Verpackungen, die Prüfung auf Vollständigkeit und Unversehrtheit, die Gewährleistung einer hohen Kommissionierqualität und kurze Durchlaufzeiten zählen im Bereich der Logistik zu den wichtigsten Einflussfaktoren auf die Retourenquote (Asdecker 2014, S. 225). Der zeitnahen Lieferzeit in Verbindung mit einem Lieferversprechen kommt insbesondere bei kurzfristigen Bestellungen vor Feiertagen wie bspw. Weihnachten oder besonderen Anlässen wie bspw. dem Valentinstag erhebliche Bedeutung zu.

Als Kundenservice kann der Status der Bestellbearbeitung transparent gemacht werden, indem mittels Paket-Tracking (Sendungsverfolgung) die Annäherung der Lieferung mitverfolgt werden kann. Für 78 % der Verbraucher stellt die Sendungsverfolgung ein wichtiges Kriterium für den Kauf in einem Onlineshop dar (ibi research 2017, S. 20). Same-Day-Delivery schätzen 31 % der Verbraucher, allerdings ist für 9 von 10 Befragten die Einhaltung des Lieferversprechens, also die termingerechte Lieferung gemäß den Händlerangaben im Bestellprozess weitaus wichtiger (ibi research 2017, S. 22). Dabei kommt es auch auf die Leistungsfähigkeit und Zuverlässigkeit des Versanddienstleisters an (Wirtz 2013, S. 271).

Die Verwendung bruchsicherer Verpackungen für den Versand trägt dazu bei, dass die Ware unbeschädigt beim Kunden ankommt und schließt Retouren aufgrund von Transportschäden aus (Asdecker 2014, S. 220). Üblicherweise senden die Kunden ihre Retouren in der gleichen Verpackung zurück, eine qualitativ hochwertige Verpackung sollte für den Rücktransport wiederverwendet werden können, damit die Retoure auch die Rücksendung zum Lieferantenlager unversehrt übersteht.

4.2 Maßnahmen zur Retourenverhinderung

Maßnahmen zur Retourenverhinderung setzen nach der Zustellung der Lieferung an und zielen darauf ab, die Entscheidung für eine Rücksendung zu erschweren oder eine Rücksendung zu unterbinden (Rogers et al. 2002, S. 10). Es werden Maßnahmen mit und ohne Kompensation unterschieden (Asdecker 2014, S. 24).

Kompensation durch finanzielle Anreize
Online-Händler bieten Kunden einen finanziellen Ausgleich von einer Preisreduktion bis hin zur Erstattung des Kaufbetrages an, wenn diese ihre Bestellung nicht retournieren (Walsh und Möhring 2015, S. 8). Das Angebot eines finanziellen Ausgleichs für den Verzicht der Rücksendung setzt voraus, dass die Retourenkosten für den Händler höher sind als die Wiederbeschaffungskosten der Ware (Asdecker 2014, S. 95). Ist der Artikel geringwertig oder beschädigt, so kann der Händler bei gleichzeitiger Erstattung des Kaufpreises auf eine Rücksendung verzichten und verringert somit die Anzahl der objektbezogenen Vorgänge (Paket, Artikel) in der Retourenbearbeitung.

Unternehmen können Belohnungen in Form von Rabatten auf den Kaufpreis, Gutscheine für den nächsten Einkauf oder Bonuspunkte bei Kundenbindungsprogrammen anbieten. Kunden, die wenig oder gar nicht retournieren, werden

belohnt, wenn sie von ihrem Widerrufsrecht keinen Gebrauch machen. Mit solchen Anreizen versucht der Online-Händler, unsichere Kunden bei der Abwägung
ihrer Retourenentscheidung positiv zu beeinflussen und ihnen einen Anreiz für
das Behalten der Ware zu liefern.

Beispiel
Bonus bei Bonprix: Der Online-Händler Bonprix (www.bonprix.de) bietet
für jede Bestellung ohne Rücksendung einen 3 € Bonus als Gutschrift auf das
Kundenkonto, welcher dann mit dem nächsten Einkauf verrechnet wird. Da
der Bonusanspruch an den einzelnen Bestellvorgang gekoppelt ist, kommt es
zu einer bewussteren Auswahl der Artikel mit der Vermeidung von Auswahlbestellungen.

Dauerhafte Anreize in Form von langfristigen Bonusprogrammen fördern ein
bewussteres Bestellverhalten bei Folgekäufen, es wird eher auf Auswahlbestellungen verzichtet. Online-Händler messen dem Instrument der Kundenbelohnung allerdings nur einen geringen Einfluss auf die Retourenquote bei (ibi
research 2013, S. 71). Bei Online-Händlern ist zu beobachten, dass der Bonus,
die Gutschrift oder der Rabatt erst nach Ablauf der Widerrufsfrist gutgeschrieben oder der Gutschein erst bei einer erneuten Bestellung eingelöst werden kann.
Diese Anreize fungieren damit auch als Instrument zur **Kundenbindung**. Auch
aus Kundensicht nicht bevorzugte Zahlungsmethoden können durch finanzielle
Anreize bei einer Bestellung gefördert werden. Ein Rabatt kann bspw. bei Bestellungen per Vorkasse eingeräumt werden.

Erhöhung des zeitlichen und finanziellen Retourenaufwands
Bei der Retourenverhinderung ohne Kompensation versucht der Online-Händler
den zeitlichen, finanziellen und/oder emotionalen Aufwand des Retourenversenders zu erhöhen und damit die Wahrscheinlichkeit der Rücksendung zu verringern
(Möhring et al. 2015, S. 259).
Online-Händlern bietet sich die Möglichkeit, dem Versandpaket keinen Retourenaufkleber für die Rücksendung beizulegen. Dieser muss über den Onlineshop
oder per Mail angefordert und ausgedruckt werden (Möhring et al. 2015, S. 259).
Dies erhöht beim Kunden die sog. Hassle Costs (Walsh und Möhring 2015, S. 8).

▶ „Hassle Costs (Schikanekosten) sollen Konsumenten davon abhalten, Produkte zu retournieren, indem der zeitliche Aufwand für die Initiierung und Durchführung des Rückversands erhöht wird" (Gabler Wirtschaftslexikon, Stichwort
Retourenkosten).

Das Nichtbeilegen eines Retourenscheins hat nur einen geringen Einfluss auf die Retourenquote. Es erhöht zwar den zeitlichen Aufwand für die Durchführung des Rückversands (Hassle Costs), es wird den rücksendewilligen Verbraucher dennoch kaum von der Retoure abhalten. Für 84 % der Verbraucher ist die Bereitstellung eines **Rücksendeaufklebers** ein wichtiges Servicemerkmal (ibi research 2017, S. 33). Gegebenenfalls kann als Barriere die Bereitstellung des Rücksendeaufklebers mit einer vorherigen Kontaktaufnahme und Autorisierung durch den Online-Händler verbunden werden. Der Servicemitarbeiter kann am Telefon den Retourengrund erfragen und eventuell alternative Lösungen, bspw. einen Preisnachlass oder einen Bonus bei Verzicht auf Retournierung anbieten. Beim Nichtbeilegen des Rücksendeaufklebers und der Verkomplizierung des kundenseitigen Rücksendeprozesses ist das Risiko der Kundenunzufriedenheit bis hin zum Kundenverlust zu berücksichtigen (Asdecker 2014, S. 24).

Eine weitere Maßnahme der Retourenverhinderung ohne Kompensation ist die Nicht-Übernahme der **Rücksendegebühren.** Für 92 % der Verbraucher ist die versandkostenfreie Retoure aber ein wichtiges Kriterium für den Kauf in einem Onlineshop (ibi research 2017, S. 33). Verbraucherbefragungen belegen in dieser Hinsicht eine ausgeprägte Kostensensibilität: 39 % der Online-Käufer haben bereits einmal einen Bestellvorgang aufgrund des Hinweises auf gebührenpflichtige Retouren abgebrochen (ibi research 2017, S. 36), 35 % würden grundsätzlich nicht bei Online-Händlern mit gebührenpflichtigen Retouren bestellen (ibi research 2017, S. 5). Der Hinweis auf die Nicht-Übernahme der Rücksendegebühren und strenge Rücknahmerichtlinien erhöhen bereits vor der Bestellung das wahrgenommene Kaufrisiko. Dies kann zwar im Extremfall zu einem Kaufverzicht des Kunden führen, andererseits aber auch zu einem bewussteren Kaufverhalten mit der Vermeidung von Auswahlbestellungen.

Tab. 4.1 fasst noch einmal alle Maßnahmen zusammen und ordnet sie den jeweiligen Phasen der Information und Auswahl (Pre-Sales-Phase), der Bestellung und Lieferung (Sales- & Delivery-Phase) und der After-Sales-Phase zu.

Wie Abb. 4.2 belegt, setzen die meisten Online-Händler auf eine detaillierte Produktbeschreibung und möglichst genaue Produktdarstellung, um Retouren zu vermeiden.

Tab. 4.1 Übersicht über die Maßnahmen mit dem Ziel Retourenvermeidung. (Quelle: Eigene Zusammenstellung)

Pre-Sales-Phase	Sales- & Delivery-Phase	After-Sales-Phase
• Detaillierte Produktbe-schreibung • Hinweise auf Verwendung und richtige Nutzung der Produkte • Qualitativ hochwertige visuelle Produktdarstellung und Produktinszenierung • Detailansichten, Zoom-funktion und 360-Grad-Ansichten • Anzeige Warenverfügbar-keit und Lieferversprechen • Kundenbewertungen • Augmented Reality: virtuelle Umkleidekabinen, Avatare • Konfigurator individuelle Größenbestimmung • Anzeige der Gründe für Retouren bei Artikelbe-schreibungen	• Echtzeit-Beratung Live Chat • Sofortreaktion im Online-Dialog bei Mehrfachbestel-lung • Einschränkung der Anzahl der Varianten zur Bestellung • Limitierung der akzeptierten Zahlungsmethoden • Kundensensibilisierung: Appell Umweltschutz und Nachhaltigkeit • Hinweis auf kostenpflichti-gen Rückversand • Qualitätsprüfung vor dem Versand • Kommissionierung: Prüfung auf Vollständigkeit und Unversehrtheit der Sendung • Auswahl des Versanddienst-leisters • Stabile und sichere Verpa-ckung • Schneller Versand • Lieferzeitfenster: Sicherstel-lung der Zustellung, Angabe Lieferzeit • Tracking: Sendungsverfol-gung	• Pflicht zur wirksamen Erklärung des Widerrufs mit Retourenformular • Anforderung Rücksen-deetikett • Incentives: Gutschriften, Rabatte, Gutscheine • Persönliche Kontaktauf-nahme mit Vielretournie-rern: Abmahnung • Ausschluss Vielretour-nierer (Sperrung von Kundenkonten) • Kundensperre bei nachge-wiesenem Retourenmiss-brauch

Abb. 4.2 Maßnahmen der Online-Händler zur Retourenvermeidung (n = 365, nur Unternehmen, bei denen Retouren auftreten). (Quelle: Eigene grafische Darstellung nach ibi research 2013, S. 84)

Reaktives Retourenmanagement 5

Das reaktive Retourenmanagement umfasst die effektive und effiziente Verarbeitung von Retouren, deren Rücksendung durch Kunden bereits veranlasst wurde und nicht mehr durch präventive Maßnahmen verhindert werden können (Rogers et al. 2002, S. 5).

> Ziele und Erfolgsgrößen des reaktiven Retourenmanagement:
>
> - Die quantitative (Menge pro Zeiteinheit) und qualitative (fehlerfreie Warenaufbereitung) Optimierung der Durchlaufzeiten im Retourenprozess ab der Anlieferung der Retoure bis zu deren Wiederverwertung → Erfolgsgrößen: Prozessdurchlaufzeit pro Arbeitsschritt, Gesamtprozessdurchlaufzeit
> - Bedarfsgerechte Allokation der Ressourcen (Personal und Sachmittel) → durchschnittliche Kosten pro retournierter Ware
> - Bestmögliche Wiederverwertung der retournierten Waren → ABC-Klassifizierung der Retouren, Wiederverwertungsquote

5.1 Der Retourenprozess

Ausgangspunkt des reaktiven Retourenmanagements ist die Gestaltung und Steuerung der komplexen Retourenbearbeitung. Diese zeichnet sich durch einen hohen Anteil manueller Arbeitsschritte bei der Bewertung und Aufbereitung der retournierten Ware aus (Asdecker 2014, S. 73). Auf die Ankunft einer Retoure an

© Springer Fachmedien Wiesbaden GmbH 2017
F. Deges, *Retourenmanagement im Online-Handel,* essentials,
DOI 10.1007/978-3-658-18068-3_5

der Lagerrampe folgen verschiedene Arbeitsschritte: Warenannahme, Mengen-, Qualitäts- und Funktionsprüfung, Klassifizierung der Ware nach Wiederverwertbarkeit, Wiederaufbereitung, Rückführung von wiederverkaufsfähiger Ware in den Neuwarenbestand oder deren Weiterleitung an Wiederverkäufer sowie die Entsorgung von nicht wiederverkaufsfähiger Ware. Der Grad der Effizienz in der Retourenbearbeitung hängt von der Menge der Bearbeitungsobjekte (Pakete/ Artikel), der Vielfalt des Artikelspektrums im Sortiment und dem möglichen Automatisierungsgrad in den einzelnen Bearbeitungsschritten ab. Bei hohem Retourenaufkommen ist es wirtschaftlich sinnvoll, in eine Automatisierung des Warenflusses und in eine Systemunterstützung des Informationsflusses zu investieren, um den kostenintensiven Anteil manueller Arbeitsschritte zu reduzieren. Die Implementierung von Software-Lösungen mit einer Modulkomponente Retouren-Management gewährleistet einen schnellen Informationsfluss und eine zeitnahe Verarbeitung der retourenrelevanten Daten. Der Erfolg der Retourenbearbeitung zeigt sich in der Wiederverwertungsquote. Eine hohe Wiederverwertungsquote ist gleichbedeutend mit niedrigen Abschreibungen auf den Warenwert (Asdecker 2014, S. 210). Die folgenden Arbeitsschritte sind in einem typischen Standardprozess der internen Retourenbearbeitung zu beobachten:

Anlieferung und Erfassung des Retoureneingangs Mit der Anlieferung des Retourenpaketes im Lager wird durch das Scannen des Rücksendeetiketts der Ursprungsauftrag zugeordnet. Musste der Kunde nach den neuen Regelungen des Fernabsatzes (siehe Abschn. 2.3) den Widerruf vor der Retourenrücksendung erklären, so stehen retourenrelevante Informationen bereits bei Ankunft der Retoure im IT-System zum Abruf bereit. Die Retoure wird entpackt und die Anzahl der rückgesendeten Artikel erfasst. Anhand des beiliegenden Retourenscheins und dem Abgleich des Urspungsauftrages kann überprüft werden, ob die Ware korrekt innerhalb der Widerrufsfrist zurückgesendet wurde und ob es sich um eine richtige Retournierung handelt, also kein falscher Artikel (absichtlich) zurückgesendet wurde. Ein ggf. auf dem Retourenschein angegebener Retourengrund wird im IT-System erfasst.

Prüfung und Klassifizierung der Retouren Die zurückgesendete Ware muss auf Unversehrtheit und Wiederverwertbarkeit überprüft und klassifiziert werden. Dieser Prüfprozess nimmt je nach Warenkategorie unterschiedliche Zeit in Anspruch und erfordert geschulte Mitarbeiter, um auch geringfügige Schäden und

Gebrauchsspuren an der Ware schnell erkennen und bewerten zu können (Nicolai 2014). Die Klassifizierung der retournierten Ware hinsichtlich ihrer Wiederverwertbarkeit entscheidet über die weitere Handhabung im Retourenprozess und die Freigabe der Rückzahlung des Kaufpreises an den Kunden, falls kein Wertersatz geltend gemacht oder die Rückzahlung gänzlich verweigert werden soll. Sind bspw. bei Bekleidungsartikeln eindeutige Spuren einer übermäßigen Nutzung erkennbar, so kann die Erstattung des Kaufpreises verweigert werden und der Kunde erhält die retournierte Ware zurück (Nicolai 2014).

Aufbereitung und Neuverpackung der wiederverwertbaren Artikel Wiederverwertbare Artikel müssen aufbereitet werden, d. h. Bekleidung gereinigt, gebügelt und gefaltet werden. Geringfügige Defekte oder Funktionsstörungen bei Consumer Electronics Artikeln können ggf. von den Mitarbeitern der Retourenbearbeitung repariert oder behoben werden. Anschließend muss die aufbereitete Ware neu verpackt und etikettiert werden.

Einlagerung der wiederverwertbaren Artikel und Freigabe für den Verkauf Wichtig ist eine schnelle Einlagerung von wiederverkaufsfähiger Ware in den Neuwarenbestand, um die Warenverfügbarkeit für die Vorwärtslogistik zu erhöhen. Nach der Einlagerung muss der neue Lagerbestand im Warenwirtschaftssystem und die Warenverfügbarkeit im Onlineshop aktualisiert werden. Damit diese Artikel bei offenen Bestellungen als erste wieder verschickt werden, kann ein spezieller Retourenlagerplatz eingerichtet werden.

Kundenkommunikation und Erstattung des Rechnungsbetrags Die objektbezogene Abwicklung der Retouren endet mit der Gutschrift oder der Rückabwicklung bereits geleisteter Zahlungen an den Kunden. Ein von 78 % der Verbraucher geschätzter Service ist die Information über den Stand der Retourenrückabwicklung (ibi research 2017, S. 33). Status-Mails können zu Beginn des Retourenprozesses den Retoureneingang im Lager des Online-Händlers belegen und am Ende des Bearbeitungsprozesses die Erstattung des Kaufbetrages ankündigen.

Abb. 5.1 fasst die wesentlichen Prozessschritte im Rahmen der Retourenbearbeitung zusammen.

Retourenanlieferung Laderampe
- Entladung und Sendungsübergabe durch den Versanddienstleister
- Warenannahme durch den Online-Händler

Erfassung der Retourenanlieferung
- Scannen des Rücksendeetiketts der Verpackung
- Aufruf und Identifizierung des Ursprungsauftrages im IT-System
- Öffnung und Entpackung der Rücksendung

Prüfung Wareneingang
- Prüfung der Einhaltung der Widerrufsfrist
- Prüfung Vollständigkeit und Richtigkeit der zurückgesendeten Artikel
- Verarbeitung des beiliegenden Retourenscheins im System (Eingabe Retourengründe)
- Vereinzelung des Paketinhaltes bei mehreren zurückgesendeten Artikeln
- Scannen der Artikel

Aufbereitung der vereinzelten Artikel
- Kategorisierung der Artikel nach Gebrauchsspuren und Grad einer Beschädigung
- Prüfung eines Wertersatzanspruches bei übermäßiger Artikelnutzung
- Auslösung der Kaufpreiserstattung bei Nichtbeanstandung
- Aufbereitung (Reinigung, Reparatur) wiederverwertbarer Artikel
- Auswahl der Verwertungsoption (Neuware, Gebrauchtware)
- Aussortierung Artikel zur Rücksendung an den Lieferanten (Garantiefall, Chargenfehler)
- Aussortierung nicht mehr verwertbarer Artikel

Verpackung und Wiedereinlagerung der wiederverwertbaren Artikel
- Neuverpackung der Artikel
- Wiedereinlagerung Regalplatz Retourenlager
- Freigabe für erneuten Abverkauf im IT-System (Lagerverwaltung, Warenwirtschaftssystem, Onlineshop)

Abb. 5.1 Prozessschritte der Retourenbearbeitung. (Quelle: Eigene Darstellung)

5.2 Verwendung und Vermarktung retournierter Waren

Die weitere Verwendung und Vermarktung der Retouren richtet sich nach dem Ergebnis der Retourenbeurteilung und der Retourenaufbereitung. Die Dauer der einzelnen Bearbeitungsschritte beeinflusst den Zeitpunkt der Wiederverfügbarkeit der Ware für eine erneute Vermarktung. Insbesondere Saisonartikel müssen mit hoher zeitlicher Priorität wieder bereitstehen, um sie vor Ablauf der Saison noch einmal verkaufen zu können. In der Mode- und Bekleidungsbranche kann sich ein 100 Tage Rückgaberecht für die erneute Vermarktung von Saisonartikeln als problematisch erweisen. Selbst bei der Ausschöpfung eines 14-tägigen Rückga- berechtes durch den Kunden würde der Saisonartikel nach Rücksendung, Aufbe- reitung und Wiedereinlagerung wohl erst nach 18–20 Tagen wieder im Sortiment verfügbar sein.

Im Idealfall kann die Retoure wieder als **Neuware** zum ursprünglichen Verkaufspreis angeboten werden, bspw. wenn das Paket gar nicht erst geöffnet wurde, die Ware noch originalverpackt ist oder geringfügige Gebrauchsspuren vollständig beseitigt werden konnten.

Ein Wertverlust kommt zustande, wenn der retournierte Artikel bspw. durch die Ingebrauchnahme bzw. das Testen der Funktionsfähigkeit oder durch Transportschäden nicht mehr als Neuware verkauft werden kann. Die Ursache liegt entweder in einer Zustandsverschlechterung der Ware oder einem Preisverfall während der Widerrufsfrist (Asdecker 2014, S. 89). Retouren mit Qualitätsmängeln durch Material- oder Fabrikationsfehler und Garantiefälle können nach entsprechend vereinbarten Vorgaben in den Rahmenverträgen an den jeweiligen Hersteller oder Lieferanten zurückgesendet werden.

Bei starken Gebrauchsspuren lassen sich die Retouren nur noch mit deutlichen Preisabschlägen als **Gebrauchtware** vermarkten. Eine Unternehmensaufgabe besteht in der Identifizierung und Auswahl geeigneter Kanäle zur bestmöglichen Vermarktung. Dabei ist die Entscheidung zu treffen, ob die Vermarktung intern oder mithilfe eines externen Partners erfolgen soll (Asdecker 2014, S. 156).

Gebrauchtware, die nicht selber vermarktet werden soll, kann bspw. an spezialisierte Aufkäufer/Wiederverkäufer oder Auktionsplattformen abgesetzt werden. Eine unternehmensinterne Option ist die Vermarktung der Retouren über ein Tochterunternehmen, das sich auf die Zweitverwertung spezialisiert hat. Eine weitere Möglichkeit besteht darin, die retournierte Ware über alternative eigenbetriebene Vertriebskanäle anzubieten, bspw. über Fabrikverkauf, Outlet-Center oder PopUp Stores. Retournierte Waren könnten auch dem Mitarbeiterverkauf zugeführt oder als öffentlichkeitswirksame PR-Maßnahme gespendet werden.

Ist die Ware gar nicht mehr wiederzuverwerten, so kommt es zu einer Komplettabschrift des Wertes, die Waren müssen entsorgt/verschrottet werden.

Kategorisierung der Retouren nach der Wareneingangsprüfung (Asdecker 2014, S. 118 f.)

A-Retouren	→ einwandfreier Zustand. Direkter Wiederverkauf
B-Retouren	→ leichte Gebrauchsspuren. Wiederverkauf nach Aufbereitung
C-Retouren	→ starke Gebrauchsspuren. Vermarktung als preisreduzierte Gebrauchtware
D-Retouren	→ beschädigt oder defekt. Keine Veräußerungsmöglichkeit. Entsorgung.

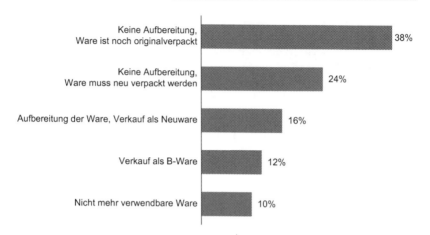

Abb. 5.2 Aufteilung der Retouren nach Aufbereitungs- und Wiederverwertungskategorien (n = 311, nur Unternehmen, bei denen Retouren auftreten). (Quelle: Eigene grafische Darstellung nach ibi research 2013, S. 40)

Abb. 5.2 zeigt, dass nach Angaben von Online-Händlern beim Retoureneingang immerhin 38 % der Retouren noch originalverpackt sind, aber im Durchschnitt jede zehnte Retoure nicht mehr wiederverwendet werden kann. Ein großer Anteil (78 %) kann mit oder ohne Aufbereitung wieder als Neuware vermarktet werden.

Diese Werte können je nach Branche und Unternehmen erheblich variieren. In der Mode- und Bekleidungsbranche sind bspw. nur 4 % der Retouren nicht mehr verwendbar (ibi research 2013, S. 6).

5.3 Kosten des Retourenmanagements in Unternehmen

36 % der Online-Händler können die durch Retouren verursachten Kosten nicht einschätzen (ibi research 2013, S. 42). Ohne Kostentransparenz insbesondere in der Retourenbearbeitung und Rückabwicklung wird es schwerfallen, den Einfluss hoher Retouren auf den Unternehmenserfolg zu bestimmen und geeignete Maßnahmen zur Kostensteuerung abzuleiten.

Direkte retourenbedingte Kosten entstehen dem Unternehmen durch die Transportkosten des Rückversands (falls die Rücksendekosten nicht an den Kunden weitergegeben werden, siehe Abschn. 2.3) und den Personal- und Sachkosten

Tab. 5.1 Mittlere Prozesskosten einer Rücksendung in Abhängigkeit von der Retourenanzahl. (Quelle: Asdecker 2017a)

Anzahl Retouren pro Jahr	Prozesskosten
Weniger als 10.000 Retouren	17,70 €
Zwischen 10.000 und 50.000 Retouren	6,61 €
Über 50.000 Retouren	5,18 €

des Retourenprozesses mit Retourenbearbeitung, Rückabwicklung, Wiederein-lagerung und Wiederverwertung (Asdecker 2014, S. 201 ff.; ibi research 2013, S. 42). Tab. 5.1 gibt einen Überblick über die mittleren Prozesskosten einer Rück-sendung in Abhängigkeit von der Retourenanzahl.

Die Kosten der Retourenbearbeitung variieren neben der Retourenanzahl auch nach Branche, Unternehmen und Artikel und sind ohne detaillierte Kenntnis der Kostentreiber in den jeweiligen Unternehmen nur schwer vergleichbar. Sie eignen sich für den Online-Händler allenfalls als grober Richtwert, um seine Kosteneffi-zienz im externen Vergleich einschätzen zu können.

Indirekte retourenbedingte Kosten entstehen durch den Wertverlust der Ware, d. h. Verlust durch beschädigte Ware, die potenzielle Verschlechterung des Zustands der Ware mit jedem Versand und Rückversand und damit einherge-hend Wertberichtigungen durch die eingeschränkte Wiederverwertbarkeit (Asde-cker 2014, S. 89). In einer Studie befragte Unternehmen gaben den Wertverlust pro Retoure mit durchschnittlich 13,1 % des Warenwerts an (Asdecker 2017a). Bei einem mittleren Retourenwert von 55,35 € entsprach dies einem Betrag von 7,25 €. Durch Addition mit den ermittelten durchschnittlichen Prozesskosten von 7,93 € entspricht dies den durchschnittlichen Kosten einer Retoure von 15,18 € (Asdecker 2017a).

Implikationen für die Ausgestaltung des Retourenmanagements im Unternehmen

6

Retouren sind ein unvermeidbarer Bestandteil im Online-Handel, deshalb sollte jeder Online-Händler dem Retourenmanagement besondere Beachtung schenken. Drei Ansatzpunkte sind hervorzuheben.

Ansatzpunkte für die Ausgestaltung des Retourenmanagements

- Entwicklung und Umsetzung einer Retourenstrategie
- Kosteneffiziente Steuerung der internen und/oder externen Retourenlogistik
- Implementierung eines Retourencontrollings mit aussagekräftigen Kennzahlen

---

6.1 Die Retourenstrategie

Die Entscheidung über die Ausgestaltung einer Retourenstrategie muss unternehmensspezifisch in Bezug auf die Produkt/Markt-Kombination und die Wettbewerbssituation getroffen werden (Asdecker 2014, S. 99). Die Retourenstrategie wird von den Verbrauchern als Teil des Kundenservice wahrgenommen. Gegenpole bilden sich auf der einen Seite durch eine extrem kulante kundenorientierte und auf der anderen Seite durch eine sehr restriktive Retourenstrategie. Dazwischen sind unterschiedliche Ausgestaltungen möglich, indem Elemente beider Ausprägungen miteinander kombiniert werden (Asdecker 2014, S. 87 ff).

Online-Händler, die den Fokus auf die Akquisition von Neukunden legen oder einen Markt schnell durchdringen möchten, wählen eher eine **kulante Retourenstrategie** (Asdecker 2014, S. 94). Hohe Retourenquoten werden bewusst in Kauf

© Springer Fachmedien Wiesbaden GmbH 2017
F. Deges, *Retourenmanagement im Online-Handel*, essentials,
DOI 10.1007/978-3-658-18068-3_6

genommen, um schnell eine große Kundenbasis für die Markterschließung und Marktbearbeitung aufzubauen (Asdecker 2014, S. 94). Ein aus Konsumenten-sicht reibungslos verlaufender Retourenprozess fördert durch eine einfache und unkomplizierte Retourenbearbeitung und der schnellen Gutschrift des Retouren-betrages (Asdecker 2014, S. 78) nicht nur die Bereitschaft zu einer Erstbestel-lung bei einem bis dato unbekannten Online-Händler sondern stimuliert auch die Bereitschaft bereits gewonnener Kunden zu erneuten Bestellungen. 88 % der Online-Händler übernehmen auch nach der Novellierung der Regelungen des Fernabsatzes weiterhin die Versandgebühren im Falle eines Widerrufs (idealo 2015). Die Kosteneinsparung durch die Weitergabe der Retourenrücksendekosten an den Kunden wird geringer gewichtet als das Risiko einer potenziellen Kunden-abwanderung aufgrund einer mangelnden Akzeptanz für die Kostenweitergabe.

24 % der Online-Händler gewähren ihren Kunden ein erweitertes Rück-gaberecht über die gesetzlich vorgeschriebenen 14 Tage hinaus auf bspw. 30 bis zu 100 Tagen (idealo 2015). Für 70 % der Verbraucher ist eine verlängerte Widerrufsfrist ein wichtiges Kriterium für den Kauf in einem Onlineshop (ibi research 2017, S. 33), unabhängig davon, ob verlängerte Rückgabefristen auch tatsächlich ausgenutzt werden.

Online-Händler wie Zalando verdanken ihr enormes Wachstum auch der kun-denfreundlichen Kulanz, die in der Aufbau- und Wachstumsphase dazu beigetra-gen hat, emotionale Barrieren beim Onlinekauf von Schuhen abzubauen (Kontio 2012). Mit Marketing-Claims wie „Schrei vor Glück oder schicks zurück" wur-den Kunden geradezu ermuntert, Mehrfachbestellungen zu tätigen und Waren unkompliziert zu retournieren (Kontio 2012). Eine kulante Retourenrücknahme kann ein Wettbewerbsvorteil gegenüber direkten Konkurrenten sein (Asdecker 2014, S. 78). Denn für 89 % der Online-Käufer ist die einfache und transparente Retourenabwicklung ein wichtiges Kriterium für die Auswahl eines Onlineshops (ibi research 2017, S. 18).

Bei der Wahl einer eher **restriktiven Retourenstrategie** liegt der Fokus auf der Kostenorientierung. Die Retourenquote soll durch Maßnahmen der Retou-renvermeidung und Retourenverhinderung gering gehalten werden. Restriktive Maßnahmen führen zwar zu einer Kostenersparnis, fördern jedoch auch Kunden-unzufriedenheit, was sich in rückläufigen Conversion-Rates ausdrücken kann. Die Weitergabe der Retourenrücksendekosten kann Neukunden durch den Ein-druck einer wenig kulanten Rückgabeprozedur vom Kauf abhalten. Ein Ansatz für die Differenzierung einer restriktiven Retourenstrategie wäre, die Kunden nach ihrem Retournierverhalten und ihren Retourenquoten zu klassifizieren (siehe Abschn. 6.3) sowie das Sortiment nach Retourentreibern zu steuern. Nicht- und Wenig-Retournierer werden belohnt und für Viel-Retournierer können Barrieren geschaffen werden (siehe Abschn. 4.2).

Kulante Retourenstrategie	Restriktive Retourenstrategie
Ansatz: Convenience	**Ansatz: Gatekeeping**
• Erweiterung der gesetzlichen Widerrufsfrist (>14 – 100 Tage)	• Widerrufsfrist 14 Tage nach gesetzlicher Vorgabe
• Verzicht auf Widerrufserklärung. Wirksamer Widerruf durch Rücksendung	• Verpflichtung zur ausdrücklichen Widerrufserklärung vor dem Rückversand
• Retourenschein mit selbstklebendem Rückversandetikett liegt dem Paket bei	• Retourenschein und Rückversandetikett muss angefordert und ausgedruckt werden
• Uneingeschränkte Übernahme der Rücksendegebühren	• Komplette oder teilweise Weitergabe der Rücksendegebühren an den Kunden
• Incentivierung Nicht- und Wenigretournierer. Billigung Vielretournierer	• Keine Incentivierung. Abmahnung / Ausschluss Vielretournierer

Abb. 6.1 Bausteine einer kulanten und restriktiven Retourenstrategie aus Sicht des Kundenmanagements. (Quelle: Eigene Darstellung)

Abb. 6.1 gibt einen zusammenfassenden Überblick über die Komponenten einer kulanten und restriktiven Retourenstrategie in Bezug auf die Kundensteuerung.

Online-Händler befinden sich in einem Dilemma zwischen Kunden- und Kostenorientierung (Walsh und Möhring 2015, S. 6). Bei einer sehr kundenfreundlichen Gestaltung der Retourenrückgabe erhöht sich die Retourenquote, eine restriktive Retourenrücknahme wirkt sich negativ auf die Kundenzufriedenheit und Wiederkaufwahrscheinlichkeit aus (Walsh und Möhring 2015, S. 7). Die unternehmensspezifisch ideale Lösung liegt ggf. in der Mitte, indem ein sowohl kosten- wie auch kundenorientiertes präventives Retourenmanagement eingeführt wird (Walsh und Möhring 2015, S. 10).

6.2 Eigenbetrieb oder Auslagerung der Retourenbearbeitung

Neu gegründete Unternehmen im Online-Handel verfügen in ihrer Aufbau- und Markterschließungsphase selten über eine eigene professionelle Logistik. Sie konzentrieren ihre Kapazitäten vorrangig auf das Ziel der Kundengewinnung und Umsatzgenerierung. In dieser Phase stehen Retourenquote und Retourenkosten noch nicht so sehr im Fokus, dauerhafte Kundenbeziehungen werden u. a. durch einen kundenfreundlichen Service aufgebaut, der auch durch eine kulante Retourenstrategie befördert wird.

Online-Händler mit fremdvergebener Retourenbearbeitung sind Unternehmen, die (noch) kein Logistik Know-how vorhalten oder nicht über die finanziellen Mittel für den Aufbau eigener Logistikkapazitäten verfügen. Mit wachsendem Umsatzvolumen steigt jedoch auch die Anzahl der Retouren. Mit zunehmender Marktdurchdringung und stetig wachsendem Kundenstamm wird die Logistik zum Kernprozess des Online-Händlers und die Logistikeffizienz ein wichtiges Differenzierungsmerkmal (Heinemann 2014, S. 217).

Eigene Logistikzentren werden sukzessive mit der erfolgreichen Etablierung des Geschäftsmodells und dem Wachstum des Online-Händlers (Beispiele: Amazon und Zalando) aufgebaut. Aufgrund von dadurch realisierbaren Skaleneffekten sind die durchschnittlichen Kosten pro Retoure bei großen Online-Händlern mit hohem Retourenaufkommen im Vergleich zu kleineren Online-Händlern geringer (Asdecker 2014, S. 74; siehe Abschn. 5.3). Bei hohem Retourenvolumen stellt sich die Frage, ob die Retourenbearbeitung in ein bestehendes Lager integriert wird oder ob ein separater Bearbeitungsstandort nach den spezifischen Anforderungen des Retourenmanagements eingerichtet wird. Abb. 6.2 zeigt, dass mit 86 % die überwiegende Mehrheit der Online-Händler alle aufkommenden Retouren selbst abwickelt.

Den Versand und auch den Rückversand haben die Online-Händler fast ausnahmslos an einen oder mehrere Versanddienstleister outgesourct. Diese betreiben gut ausgebaute Distributionsnetze und sind durch ihre Spezialisierung in der Lage, schnelle Lieferzeiten als Leistungsversprechen des Online-Händlers umzusetzen (Heinemann 2014, S. 217). Viele Online-Händler sehen die reine Auslieferung und den Rückversand der Waren nicht in dem Maße als Kernleistung, als

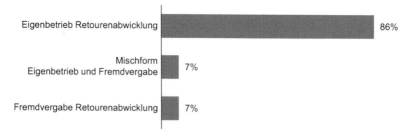

Abb. 6.2 Eigenbetrieb und/oder Fremdvergabe Retourenbearbeitung (n = 331, nur Unternehmen, bei denen Retouren auftreten). (Quelle: Eigene grafische Darstellung nach ibi research 2013, S. 53)

dass dies den Aufbau eines eigenbetriebenen Lieferdienstes rechtfertigen würde (Ausnahmen: Eigenbetriebene Lieferdienste im Online-Lebensmittelhandel oder originäre Versandhändler, die schon vor der Etablierung des Online-Handels eigene Lieferdienste aufgebaut hatten).

6.3 Das Retourencontrolling

Die Planung, Steuerung und Kontrolle des Retourenmanagements mit aussagekräftigen Kennzahlen setzt die Kenntnis der unternehmensspezifischen Retourengründe, die Analyse des Kunden- und Retournierverhaltens sowie die Erhebung der Kostenstrukturen und Kostentreiber im Retourenprozess voraus. Mit der Schaffung von Transparenz über die Erfolgsgrößen können Ziele definiert, Verbesserungspotenziale identifiziert und Maßnahmen justiert werden. Abb. 6.3 gibt einen Überblick über die Komponenten eines zielgerichteten Retourenmanagements.

Kennzahlen stellen in konzentrierter Form betriebswirtschaftliche Sachverhalte und Zusammenhänge dar (Preißler 2008, S. 3). Mit der Erhebung und Integration

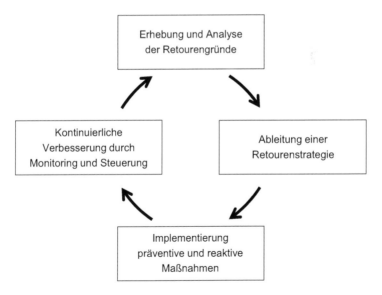

Abb. 6.3 Bausteine eines zielgerichteten Retourenmanagements. (Quelle: Eigene Darstellung)

von Kennzahlen zum Retourenmanagement in ein Management-Reporting kann auf der Führungs- und Steuerungsebene ein nachhaltiges Bewusstsein für das Retourenmanagement verankert werden (Asdecker 2014, S. 226). Mit Periodenvergleichen über mehrere Jahre kann so auch der Erfolg langfristig wirkender Maßnahmen überprüft und dokumentiert werden.

Kennzahlen können aus den Maßnahmen des präventiven und reaktiven Retourenmanagements abgeleitet werden. Neben der Steuerung der Retourenrücksendungen mit der zentralen Kennzahl Retourenquote im präventiven Retourenmanagement steht gleichbedeutend die Steuerung der Retourenkosten, welche als zentrale Kennzahl die durchschnittlichen Kosten pro Retoure im reaktiven Retourenmanagement widerspiegelt. Auch die Conversion-Rate als Erfolgsgröße zur Steuerung des Abverkaufs im Onlineshop kann indirekt einen Beitrag zur Erfolgsbeurteilung des Retourenmanagements geben. Die Umsetzung von Maßnahmen, die zu einer Verbesserung der Usability im Onlineshop beitragen, bspw. die Vereinfachung des Auswahl- und Bestellprozesses über detaillierte Produktbeschreibungen sowie die Kommunikation einer kundenfreundlichen und kulanten Retourenstrategie sind u. a. auch Treiber der Conversion-Rate. Wenn vermutet wird, dass steigende Umsätze im Online Handel auch zu einer Steigerung der Retourenquote führen, so kann aus der Veränderung der Conversion-Rate in Verbindung mit der Veränderung der Retourenquote dieser Zusammenhang auf Unternehmensebene überprüft werden.

> Das Retourenmanagement ist eine abteilungsübergreifende Querschnittsfunktion und ganzheitliche Unternehmensaufgabe. Es tangiert die Sortiments- und Preisgestaltung, die Usability des Onlineshops, das Kundenmanagement, die Werbebotschaften und die Logistik des Online-Händlers.

Steuerung der Logistik

Die Retourenquote beeinflussende Erfolgsgrößen sind in der Lieferzeit und der Lieferqualität zu verorten. Dies bestätigt sich aus der Analyse der Retourengründe, wenn Bestellungen aufgrund zu langer Lieferzeit, beschädigter Pakete oder fehlerhafter Kommissionierung zurückgesendet werden. Dies sind Ansatzpunkte zur Verbesserung der Logistikeffizienz. Transport- und Personalkosten werden durch die Anzahl der Retouren und die Retourenquote beeinflusst. Im reaktiven Retourenmanagement können Kennzahlen in Bezug auf die Prozesskosten, die Prozessgeschwindigkeit und die Prozessqualität herangezogen werden. Eine dauerhafte Senkung der Zahl der Bearbeitungseinheiten (Pakete oder Artikel) würde auch zu einer Senkung der operativen Prozesskosten führen.

Kundensegmentierung und Kundenmanagement

Messgrößen zum Bestell- und Rücksendeverhalten ermöglichen eine Kundensegmentierung (Asdecker 2014, S. 232) nach der Anzahl der Retouren und den Deckungsbeiträgen von Kunden/Kundengruppen (Möhring et al. 2015, S. 264). Steuerungsmöglichkeiten im Rahmen eines aktiven Kundenmanagements ergeben sich durch eine Klassifizierung der Kunden in Nicht- und Wenig- sowie Viel- und Dauer-Retournierer. Der Erfolg des Einsatzes von Barrieren, Sanktionen und monetären Anreizen lässt sich dann durch Veränderungen der Anteile von Viel- und Dauer-Retournierern zu Nicht- und Wenig-Retournierern nachvollziehen. Eine ggf. hohe Anzahl an identifizierten Missbrauch-Retournierern erfordert eine grundsätzliche Entscheidung über den Umgang mit ihnen. Missbrauch-Retournierer sind nicht erwünscht. Ihr Anteil am Kundenstamm könnte durch restriktive Maßnahmen wie der vorübergehenden oder dauerhaften Sperrung des Kundenkontos reduziert werden. Gegebenenfalls führt die Einbehaltung eines Wertverlustes bei der Rückerstattung des Kaufpreises oder die Verweigerung der Rückzahlung an den Missbrauch-Retournierer schon dazu, dass dieser künftig nicht mehr in diesem Onlineshop bestellt.

Kundenmanagement nach Retourenquoten und Retournierverhalten

• Nicht- und Wenig-Retournierer → Incentivierung, Belohnung
• Viel- und Dauer-Retournierer   → Restriktionen, Appell, Mahnung
• Missbrauch-Retournierer   → Sperrung Kundenkonto

Sortiments- und Lieferantensteuerung

Eine Sortimentsanalyse im Hinblick auf Retourentreiber und Retourenmuster stellt eine Maßnahme dar, das Sortiment auch nach Retourenquoten zu steuern. Lieferanten mit vielen retourenanfälligen Artikeln können dadurch identifiziert werden. Die Informationsweitergabe von produktrelevanten Retourengründen an die Lieferanten hilft diesen, Qualitätsmängel oder Verarbeitungsfehler abzustellen (Asdecker 2014, S. 217). Retourengründe wie Qualitäts- und Verarbeitungsmängel sollten auf die Agenda der Lieferantenverhandlungen gesetzt werden. Artikelspezifische Retourenquoten können **Auslistungsentscheidungen** begründen oder zur Forderung der Reduzierung von Bezugspreisen eingesetzt werden (Asdecker 2014, S. 231). Artikel und Produktsegmente mit niedriger Retourenquote können stärker ausgebaut werden. Des Weiteren kann die Retourenquote artikelspezifisch in die Kalkulation der Verkaufspreise einbezogen werden. Der Spielraum für Preiserhöhungen ist dabei auch im Hinblick auf die Wettbewerberpreise und Preissensibilitäten der Verbraucher zu bewerten. Tab. 6.1 gibt einen zusammenfassenden Überblick über mögliche Kennzahlen in Bezug auf die Logistik-, die Kunden- und die Sortimentsperspektive. Absolute Kennzahlen identifizieren mit ihren Mengengerüsten und der Erhebung von Zeiteinheiten die Kostentreiber. Relative Kennzahlen setzen die absoluten Werte

Tab. 6.1 Kennzahlen und Erfolgsgrößen des Retourenmanagements. (Quelle: Eigene Zusammenstellung auf Basis von Literaturauswertungen und Studien)

Logistik	Kunde/Kundensegment	Sortiment/Artikel
Absolute Kennzahlen • Gesamtprozesskosten • Transportkosten Rückversand • Personal- und Sachkosten Retourenlager • Anzahl versendete Pakete pro Zeiteinheit (Vorwärtslogistik) • Anzahl retournierte Pakete pro Zeiteinheit (Rückwärtslogistik) • Gesamtanzahl Mitarbeiter Retourenbearbeitung • Durchlaufzeiten Retoureneingang bis Wiederverfügbarkeit in Tagen	**Absolute Kennzahlen** • Anzahl Retouren nach Retourengründen • Anzahl Fälle von Retourenmissbrauch	**Absolute Kennzahlen** • Anzahl retournierte Artikel pro Zeiteinheit • Wert der zurückgesendeten Artikel • Anzahl Retouren Vermarktung Neuware • Anzahl Retouren Vermarktung Gebrauchtware • Anzahl Retouren Rückgabe an Lieferanten • Anzahl Retouren Entsorgung: defekte/nicht wiederverwertbare Artikel
Relative Kennzahlen • Alpha-Retourenquote • Ø Bearbeitungskosten (Prüfung, Aufbereitung) pro Retoure • Fehlerquote der Warenkommissionierung • Ø Lieferzeit Vorwärtslogistik • Ø Lieferzeit Rückwärtslogistik • Reparaturquote defekte/beschädigte Artikel • Ø bearbeitete Retouren/Stunde/Mitarbeiter	**Relative Kennzahlen** • Conversion-Rate • Retouren/Zahlungsarten • Retouren pro Kunde/Kundensegment (Alter, Geschlecht) • Retouren/Kundengruppe (Nicht-, Wenig-, Vielretournierer) • Erstattungszeit Gutschrift Retoure • Deckungsbeitrag/Kunde/Kundengruppen	**Relative Kennzahlen** • Beta-Retourenquote • Gamma-Retourenquote • Retouren pro Lieferant • Wiederverwertungsquote pro Artikel/Artikelgruppe • Ausschussquote pro Artikel/Artikelgruppe • Ø Wertverlust Artikel/Artikelgruppe • Retourenquote in Relation zur Branche

miteinander in Beziehung (Preißler 2008, S. 13) und dienen der Unternehmens-führung als Planungs-, Steuerungs- und Kontrollgrößen.

Eine Auswahl und Gewichtung von Kennzahlen muss unternehmensspezifisch erfolgen, abhängig davon, welche Steuerungsmöglichkeiten den einzelnen Perspektiven zugeordnet werden.

Die Auswertung von Branchenstudien und Verbraucherbefragungen hilft, die Retourenproblematik im Kontext der Branche und im Hinblick auf das Kundenverhalten und die Kundenerwartungen zu werten. Stellt man fest, dass die unternehmensspezifische Retourenquote über dem Branchendurchschnitt oder denen vergleichbarer Wettbewerber liegt, dann können Benchmarks und Best-Practices Verbesserungspotenziale aufzeigen (Asdecker 2014, S. 232). Der Abgleich interner mit externen Kennzahlen schärft somit noch einmal den Blick für die individuelle Ausgestaltung des Retourenmanagements.

Fazit und Ausblick 7

Retouren sind und bleiben ein Bestandteil der Geschäftsmodelle im Online-Handel. Mit stetig weiter wachsendem Online-Umsatz wird auch die Zahl der Retouren zunehmen. Die Unternehmen müssen zwischen Kunden- und Kostenorientierung abwägen. Der Online-Handel profitiert einerseits vom kundenfreundlichen Widerrufsrecht, andererseits sind hohe Retourenquoten ein Ärgernis und belasten die Werthaltigkeit des Geschäftsmodells. Die Ableitung und Umsetzung einer eher kulanten oder eher restriktiven Retourenstrategie muss mit der Erhebung und Analyse der Retourengründe beginnen. Mit Maßnahmen des präventiven Retourenmanagements kann das Retourenaufkommen beeinflusst werden. Durch die dauerhafte und nachhaltige Verringerung der Retourenquote wird der Erlös optimiert, wenn es dem Online-Händler gelingt, durch präventive Maßnahmen die Kundenbindung zu erhalten und den Wertbeitrag pro Kunde zu steigern. Mit Maßnahmen des reaktiven Retourenmanagements lassen sich die durchschnittlichen Kosten pro Retoure senken. Mit einer schnellen Bereitstellung der Retouren für den erneuten Abverkauf werden die Warenverfügbarkeit und die Chance auf einen erneuten Abverkauf gesichert.

Retouren müssen also nicht als gegeben hingenommen werden. Das Kundenverhalten kann bereits vor Abschluss der Bestellung beeinflusst werden, indem die Auswahl des richtigen Produktes so einfach wie möglich gestaltet wird. Aus den in diesem *essential* und in der weiterführenden Literatur aufgezeigten Ansatzpunkten können Online-Händler Anregungen für ein zielgerichtetes Retourenmanagement ableiten. Die Gewichtung und Ausgestaltung der Strategien und Maßnahmen bleibt eine unternehmensindividuelle Aufgabe. Denn es wird auch in Zukunft weder in Theorie noch in der Praxis eine Patentlösung geben, welche sich für alle Online-Händler gleichermaßen umsetzen lässt.

© Springer Fachmedien Wiesbaden GmbH 2017
F. Deges, *Retourenmanagement im Online-Handel*, essentials,
DOI 10.1007/978-3-658-18068-3_7

Was Sie aus diesem *essential* mitnehmen können

- Unternehmen müssen eine Retourenstrategie entwickeln, indem sie sich aktiv mit den Retourengründen und dem Retournierverhalten ihrer Kunden auseinandersetzen.
- Ein kulantes und kundenfreundliches Retourenmanagement generiert Wettbewerbsvorteile gegenüber den Konkurrenten, fördert die Neukundengewinnung und unterstützt die langfristige Kundenbindung.
- Die Retourenquote kann durch die Ausgestaltung präventiver Maßnahmen nachhaltig gesenkt werden.
- Die durchschnittlichen Kosten pro Retoure können durch Maßnahmen des reaktiven Retourenmanagements gesteuert werden.
- Die Implementierung eines Retourencontrollings ermöglicht die zielgerichtete Steuerung des Retourenmanagements und die Messung des Erfolgsbeitrages der durchgeführten Maßnahmen.

© Springer Fachmedien Wiesbaden GmbH 2017   49
F. Deges, *Retourenmanagement im Online-Handel,* essentials,
DOI 10.1007/978-3-658-18068-3

Literatur

AGB Amazon (2017): Amazon.de Allgemeine Geschäftsbedingungen (zuletzt geändert: 01.02.2017): https://www.amazon.de/gp/help/customer/display.html, Abruf am 20.02.2017

Asdecker, B. (2014): Retourenmanagement im Versandhandel, Bamberg, University of Bamberg Press

Asdecker, B. (2016a): Alpha-Retourenquote-Definition, Online: http://www.retourenforschung.de/definition_alpha-retourenquote.html, Abruf am: 30.11.2016

Asdecker, B. (2016b): Beta-Retourenquote-Definition, Online: http://www.retourenforschung.de/definition_beta-retourenquote.html, Abruf am: 30.11.2016

Asdecker, B. (2016c): Gamma-Retourenquote-Definition, Online: http://retourenforschung.de/definition_gamma-retourenquote.html, Abruf am: 30.11.2016

Asdecker, B. (2017a): Statistiken Retouren Deutschland – Definition, Online: http://www.retourenforschung.de/definition_statistiken-retouren-deutschland.html, Abruf am 22.02.2017

Asdecker, B. (2017b): Präventives Retourenmanagement-Definition, Online: http://www.retourenforschung.de/definition_praeventives-retourenmanagement.html, Abruf am 26.02.2017

Bechwati, N.N. und Siegal, W.S. (2005): The Impact of the Prechoice Process on Product Returns. In: Journal of Marketing Research, Vol. 42, No. 3, 2005, S. 358–367

Binckebanck, L. und Elste, R. (2016): Digitalisierung im Vertrieb, Wiesbaden, Springer Gabler Verlag

BGB (2016): Bürgerliches Gesetzbuch, 78. Auflage, Beck-Texte im dtv, München

Ermisch, S. (2013): Kampf gegen hohe Retouren. Händler bitten in die virtuelle Umkleidekabine, 11.02.2013, Online: http://www.handelsblatt.com/unternehmen/digitale-revolution-der-wirtschaft/kampf-gegen-hohe-retouren-haendler-bitten-in-die-virtuelle-umkleidekabine/7755176, Abruf am 20.10.2015

Gabler Wirtschaftslexikon, Stichwort Retourenmanagement, Springer Gabler Verlag (Herausgeber), Online: http://wirtschaftslexikon.gabler.de/Archiv/68893879/retourenmanagement-v3.html, Abruf am 07.02.2017

Gabler Wirtschaftslexikon, Stichwort Retourenkosten, Springer Gabler Verlag (Herausgeber), Online: http://wirtschaftslexikon.gabler.de/Archiv/1097117111/retourenkosten-v3.html, Abruf am 07.02.2017

© Springer Fachmedien Wiesbaden GmbH 2017
F. Deges, *Retourenmanagement im Online-Handel,* essentials,
DOI 10.1007/978-3-658-18068-3

Heinemann, G. (2014): Der neue Online-Handel, 5. Auflage, Wiesbaden, Springer Gabler Verlag

Hielscher, H. (2013): Experte empfiehlt Sanktionen gegen Retouren-Sünder, 12.12.2013, Online: www.wiwo.de/unternehmen/online-handel-der-kampf-gegen-renitente-retournierer/9204880-2.html, Abruf am 03.07.2015

ibi research (2011): Shop-Systeme, Warenwirtschaft und Versand – So verkaufen Online-Händler (www.ecommerce-leitfaden.de), Regensburg

ibi research (2013): Retourenmanagement im Online-Handel – Das Beste daraus machen (www.ibi.de), Regensburg

ibi research (2014): Erfolgsfaktor Versandabwicklung – Die Bedeutung der Versandabwicklung im Online-Handel (www.ecommerce-leitfaden.de), Regensburg

ibi research (2017): Trends und Innovationen beim Versand – Was erwartet der Kunde? Internationaler E-Commerce – Ergebnisse einer Händlerbefragung (www.ecommerce-leitfaden.de), Regensburg

idealo (2015): Pressemitteilung vom 11.06.2015: Ein Jahr neues Widerrufsrecht: Deutsche Verbraucher von Rücksendekosten verschont, Online: www.idealo.de/presse/wp-content/uploads/sites/2/2015/06/idealo-Pressemitteilung-Ein-Jahr-neues-Widerrufsrecht1.pdf, Abruf am 03.02.2017

Kontio, C. (2012): Warum schreit bei Zalando keiner vor Glück?, 30.11.2012, Online: http://www.handelsblatt.com/unternehmen/handel-konsumgueter/deutscher-marketing-preis-warum-schreit-bei-zalando-keiner-vor-glueck/7443278.html, Abruf am 02.10.2015

Kontio, C.; Hortig, J.; Nagel, T. (2013): Amazon sperrt Kunden mit „Kaufbulimie", 31.07.2013, Online: http://handelsblatt.com/unternehmen/handel-konsumgueter/renditekiller-retouren-amazon-sperrt-kunden-mit-kaufbulimie/8572908.html, Abruf am 30.11.2016

Laudenbach, P. (2013): Knick in der Optik? In: Brand Eins, 15. Jg., Nr. 4, 2013, S. 42–47

Möhring, M.; Walsh, G; Schmidt, R.; Ulrich, C. (2015): Moderetouren im Deutschen Online-Handel. Eine empirische Untersuchung. In: HMD Praxis der Wirtschaftsinformatik, Vol. 52, No. 2, April 2015, S. 257–266

Nicolai, B. (2013): Bei Otto kommt jede zweite Modebestellung zurück, 17.10.2013, Online: https://www.welt.de/wirtschaft/article120984126/Bei-Otto-kommt-jede-zweite-Modebestellung-zurueck.html, Abruf am 5.10.2014

Nicolai, B. (2014): Wie Online-Käufer bei der Rücksendung tricksen, 28.01.2014, Online: https://www.welt.de/wirtschaft/article124305717/Wie-Online-Kaeufer-bei-der-Ruecksendung-tricksen.html, Abruf am 25.08.2016

Petersen, J.A. und Kumar, V. (2010): Can Product Returns make you Money? In: MIT Sloan Management Review, Vol. 51, No. 3, 2010, S. 84–89

Pollmeier, I. (2012): Retourenmanagement im Distanzhandel, Saarbrücken, AV Akademiker Verlag

Preißler, P. (2008): Betriebswirtschaftliche Kennzahlen, Berlin, Oldenbourg Verlag

Rabinovich, E.; Sinha, R.; Laseter, T. (2011): Unlimited Shelf Space in Internet Supply Chains: Trasure trove or wasteland? In: Journal of Operations Management, Vol. 29, No. 4, 2011, S. 305–317

Rogers, D.S.; Lambert, D.M.; Croxton, K.L.; García-Dastugue, S.J. (2002): The Returns Management Process. In: The International Journal of Logistics Management, Vol. 13, No. 2, 2002, S. 1–18

Seidel, H. (2013): Retouren und rote Zahlen – alles kein Problem, 20.01.2013, Online: https://www.welt.de/wirtschaft/webwelt/article112912133/Retouren-und-rote-Zahlen-alles-kein-Problem.html, Abruf am 20.07.2014

Stallmann, F. und Wegner, U. (2015): Internationalisierung von E-Commerce-Geschäften, Wiesbaden, Springer Gabler Verlag

Steven, M. (2007): Handbuch Produktion-Theorie-Management-Logistik-Controlling, Stuttgart, Kohlhammer Verlag

Walsh, G. und Möhring, M. (2015): Wider den Retourenwahnsinn. In: Harvard Business Manager, 3. Ausgabe 2015, S. 6–10

Wirtz, B. (2013): Multi-Channel-Marketing, 2. Auflage, Wiesbaden, Springer Gabler Verlag

Printed in the United States
By Bookmasters